A. Böckmann

W0334463

Vatertag

Mit dem Grundgesetz unterm Arm nach Bonn

(Eine humorvolle Auseinandersetzung mit unserer Verfassung)

Die Deutsche Bibliothek - CIP-Einheitsaufnahme

Böckmann, August:
Vatertag : Mit dem Grundgesetz unterm Arm nach Bonn ; (eine humorvolle Auseinandersetzung mit unserer Verfassung) / A. Böckmann. - Koblenz : Fuck, 1998
ISBN 3-9805032-4-0

Druck und Satz: Fuck-Verlag, Koblenz
© Fuck-Verlag, Koblenz 1998
Alle Rechte vorbehalten

Inhaltsverzeichnis

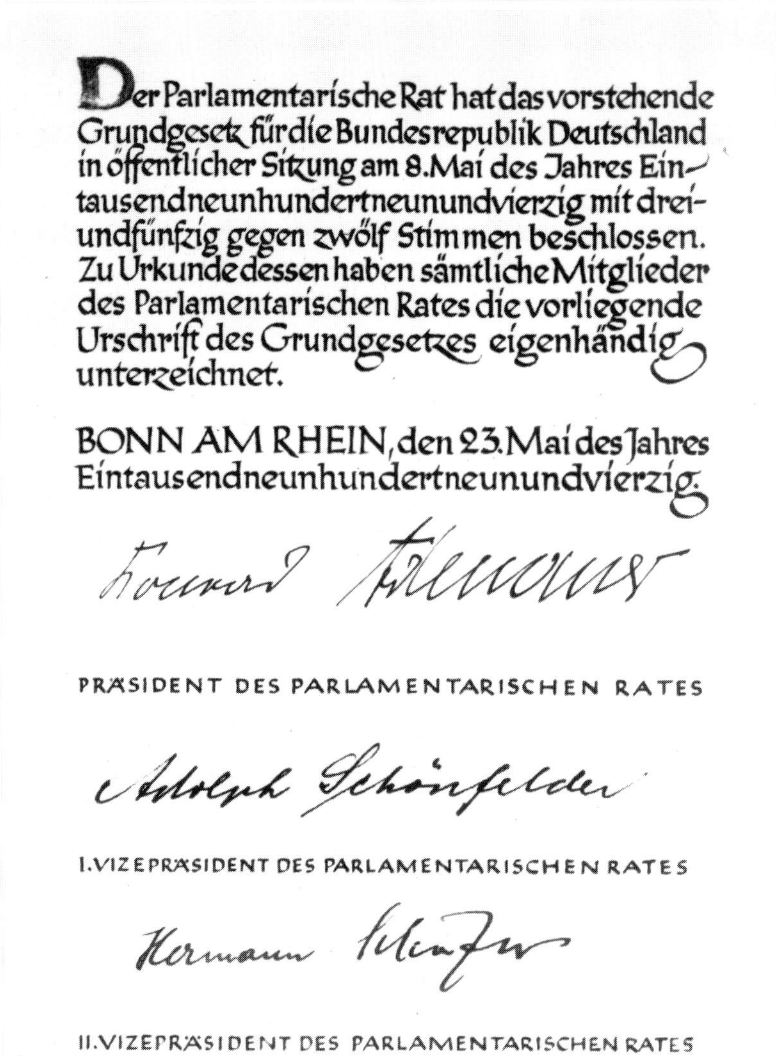

Der Parlamentarische Rat hat das vorstehende Grundgesetz für die Bundesrepublik Deutschland in öffentlicher Sitzung am 8. Mai des Jahres Eintausendneunhundertneunundvierzig mit dreiundfünfzig gegen zwölf Stimmen beschlossen. Zu Urkunde dessen haben sämtliche Mitglieder des Parlamentarischen Rates die vorliegende Urschrift des Grundgesetzes eigenhändig unterzeichnet.

BONN AM RHEIN, den 23. Mai des Jahres Eintausendneunhundertneunundvierzig.

Konrad Adenauer

PRÄSIDENT DES PARLAMENTARISCHEN RATES

Adolph Schönfelder

I. VIZEPRÄSIDENT DES PARLAMENTARISCHEN RATES

Hermann Schäfer

II. VIZEPRÄSIDENT DES PARLAMENTARISCHEN RATES

Die Unterschriften des Präsidenten und der Vizepräsidenten des Parlamentarischen Rates unter dem Grundgesetz

Präambel

Im Bewußtsein seiner Verantwortung vor Gott und den Menschen, von dem Willen beseelt, seine nationale und staatliche Einheit zu wahren und als gleichberechtigtes Glied in einem vereinten Europa dem Frieden der Welt zu dienen, hat das Deutsche Volk in den Ländern Baden, Bayern, Bremen, Hamburg, Hessen, Niedersachsen, Nordrhein-Westfalen, Rheinland-Pfalz, Schleswig-Holstein, Württemberg-Baden und Württemberg-Hohenzollern, um dem staatlichen Leben für eine Übergangszeit eine neue Ordnung zu geben, kraft seiner verfassungsgebenden Gewalt dieses Grundgesetz der Bundesrepublik Deutschland beschlossen. Es hat auch für jene Deutschen gehandelt, denen mitzuwirken versagt war. Das gesamte Deutsche Volk bleibt aufgefordert, in freier Selbstbestimmung die Einheit und Freiheit Deutschlands zu vollenden.

Präambel

Auf dem Weg zum staatsbürgerlichen Unterricht

Heute war Vatertag und ich saß zusammen mit Papa im Zug nach Bonn. Er meinte nämlich, es sei an der Zeit, aus mir einen brauchbaren Staatsbürger zu machen, und dazu sei ein Vatertagsausflug nach Bonn bestens geeignet. Eine bessere Gelegenheit gäbe es nicht, mich in die hohe Politik einzuweisen. Auch Mama war damit einverstanden. Befand sie doch, daß ein Vater an diesem Tag seinen Ausflug mit und nicht ohne seinen Sohn zu machen habe. Gegen diese gemeinsame elterliche Verschwörung war ich machtlos. Dabei wäre ich viel lieber mit Onkel Willi in den Zoo gegangen. Allerdings mußte es in Bonn auch so etwas geben. Onkel Willi sprach nämlich immer von unseren dortigen hohen Staatstieren.

Papa holte ein kleines rotes Büchlein aus seiner Jackentasche und reichte es mir mit der Aufforderung herüber:

„Könntest schon mal darin lesen."

Nur widerwillig nahm ich es entgegen. Wie schon vermutet, hatte es keine Bilder und bestand lediglich aus Kleingedrucktem. Deswegen blätterte ich auch nur uninteressiert und gelang-

I. Die Grundrechte

Art. 1 [Schutz der Menschenwürde] (1) [1]Die Würde des Menschen ist unantastbar. [2]Sie zu achten und zu schützen ist Verpflichtung aller staatlichen Gewalt.

(2) Das Deutsche Volk bekennt sich darum zu unverletzlichen und unveräußerlichen Menschenrechten als Grundlage jeder menschlichen Gemeinschaft, des Friedens und der Gerechtigkeit in der Welt.

(3) Die nachfolgenden Grundrechte binden Gesetzgebung, vollziehende Gewalt und Rechtsprechung als unmittelbar geltendes Recht.

Art. 2 [Allgemeines Persönlichkeitsrecht] (1) Jeder hat das Recht auf die freie Entfaltung seiner Persönlichkeit, soweit er nicht die Rechte anderer verletzt und nicht gegen die verfassungsmäßige Ordnung oder das Sittengesetz verstößt.

(2) [1]Jeder hat das Recht auf Leben und körperliche Unversehrtheit. [2]Die Freiheit der Person ist unverletzlich. [3]In

Die Grundrechte

Was die Tiere davon halten

Als wir durch den Hofgarten, eine riesige Grünfläche, schritten, konnte ich an seinem oberen Ende die gewaltigen Ausmaße der ehemaligen Kurfürstlichen Residenz erblicken, in der jetzt die Universität untergebracht war. Ein solch großes und ockergelbes Schloß hatte ich bisher noch nicht gesehen. So blieb ich denn auch immer wieder rückwärts blickend stehen, bis Papa plötzlich meinte:

„Eigentlich hatte ich eingeplant, daß wir unseren Gang durch den Hofgarten als Einstieg ins Grundgesetz nutzen, und zwar zur Besprechung seines Demonstrationsrechts."

„Dazu bleibe ich hier doch immer wieder demonstrativ stehen", fand ich eine spontane Antwort, worauf er mich jedoch anfuhr:

„Um Dich noch mit dem Kurfürstlichen Schloß und den Mängeln der damaligen Verfassung zu beschäftigen. Doch für solches Demonstrieren wärst Du seinerzeit vom Landesherren gevierteilt oder von der Kirche als Ketzer verbrannt worden."

Und ehe ich mir diese Grausamkeiten richtig ausmalen konnte, fuhr er fort:

„Nach unserer heutigen Verfassung ist das Demonstrationsrecht jederzeit und überall eines der unverletzlichen Grundrechte aller Staatsbürger. Das wüßtest Du bereits, hättest Du vorhin im Zug nur das Grundgesetz gelesen."

„Und warum willst Du mir gerade hier das heutige Demonstrationsrecht erklären?" wollte mir das nicht einleuchten.

„Weil dieser Bonner Hofgarten der klassische Demonstrationsplatz ist. Was glaubst Du eigentlich, weshalb ich den mit Dir so planmäßig durchquere?"

„Um auf schnellstem Wege zum Bundespräsidenten zu gelangen", hielt ich ärgerlich dagegen. Dennoch ließ ich mich nicht länger bitten, blieb erneut stehen, erhob meine rechte Hand und sagte lauthals:

„Hiermit demonstriere ich für mehr Taschengeld!"

Papa schien hierüber nicht nur überrascht, sondern einen Augenblick auch ratlos zu sein. Dann aber schaute er auf seine Uhr und meinte:

„Wir dürfen unseren Bundespräsidenten nicht so lange warten lassen. Also mußt Du schon im Weitergehen demonstrieren", wobei er mich am Arm zog, um unseren Fußmarsch fortzusetzen, und dann noch mit strafendem Blick hinzufügte: „Außerdem weißt Du genau, daß mit klassischem grundgesetzlichem Demonstrieren das gegen die Bundesregierung und nicht solches gegen den eigenen Vater gemeint ist."

Zunächst wußte ich nicht, was ich darauf antworten sollte. Doch plötzlich kam mir der rettende Gedanke:

„Dann demonstriere ich dafür, daß die Bundesregierung das höhere Taschengeld beschließt."

Das gefiel Papa natürlich erst recht nicht, er wußte dagegen aber momentan anscheinend nichts einzuwenden. So wiederholte ich denn lauthals und sehr zu seinem Ärger noch einmal meine Forderung. Allerdings waren wir zwischenzeitlich am anderen Ende des Hofgartens angelangt, wo Papa mir plötzlich befahl:

„Jetzt aber Schluß mit Deinem Demonstrieren! Hier muß irgendwo die Bonner Bannmeile beginnen, und innerhalb dieses Sperrbezirks um das Regierungsviertel sind jegliche Demonstrationen strikt verboten."

Ich wehrte mich:

„Was heißt hier Bannmeile? Das kann doch jeder sagen."

„Das ist aber so", belehrte er mich weiter. „Die Politiker sollen nämlich ihren Dienst tun, ohne daß sie durch Dich eingeschüchtert werden. Du hast Dein Grundrecht im Hofgarten lange genug ausgenutzt. Jetzt riskierst Du, verhaftet zu werden."

„Aber Du hast eben noch gesagt, daß ich jederzeit und überall demonstrieren kann", gab ich mich noch nicht geschlagen.

Da warf er mir zum zweiten Mal vor, daß ich das Grundgesetz nicht im Kopf hätte, wobei er sein rotes Büchlein aufschlug und mir daraus vorlas:

„Hier steht in Artikel 8 Abs. 2: ‚*Für Versammlungen unter freiem Himmel kann dieses Recht durch Gesetz oder auf Grund eines Gesetzes beschränkt werden*'", um dann triumphierend zu ergänzen: „Und unsere Bonner Bannmeile ist nun mal durch ein solches Gesetz geschaffen worden."

Museum Alexander Koenig

Da mußte ich natürlich passen. Doch wurde ich den Verdacht nicht los, daß Papa diese Bannmeile eigenmächtig ein Stück nach hierhin verlängert hatte.

Wir gingen nun eine breite Straße, nämlich die Adenauer-Allee, hinunter. Bis zu unserem Bundespräsidenten sollte es noch etwas mehr als einen Kilometer weit sein. Auf ungefähr halbem Wege zog sich auf der gegenüberliegenden Straßenseite hinter hohen Gitterstäben ein großes langes Gebäude hin. Papa wußte:

„Das ist das Auswärtige Amt, der Sitz unseres Außenministers. Übrigens war es der erste eigene Neubau eines Ministeriums hier in Bonn."

Als ich daraufhin schauend stehenblieb, blickte er jedoch wieder auf seine Uhr und mahnte zum Weitergehen, um pünktlich anzukommen. So kam ich denn auch nicht dazu, die vielen Fenster des Außenministeriums zu zählen. Und dann hatten wir endlich den Sitz unseres Staatsoberhauptes erreicht. Wir gingen nämlich auf ein ehrfurchtgebietendes, mächtiges Gebäude zu. Stolz betrat ich den tempelartigen Eingang. Allerdings war ich nicht wenig erstaunt, daß man drinnen Eintritt bezahlen mußte. Aber noch mehr erstaunte es mich, als wir anschließend das große Foyer, einen überdimensionierten Lichthof betraten. Dort wurden wir nämlich von lauter exotischen Tieren empfangen. Da standen am Rand eine riesengroße Giraffe, gegenüber ein Elefant mit zwei mächtigen Stoßzähnen, daneben ein Moschusochse. Dann kam ein Löwe, anschließend ein Nashorn und so weiter. Ich dachte nur, was hat unser Bundespräsident doch ein Herz für Tiere. So wie er wünschte auch ich mir, unter ihnen zu leben. Jetzt wurde mir auch klar, weswegen Onkel Willi immer von unseren hohen Staatstieren in Bonn sprach.

Aber noch erstaunter war ich, als wir anschließend um den Lichthof herumgingen. Da tummelten sich in großen Glaskäfigen ganze Wildschwein- und Rotdwildrudel, Elche und Wisente, Eis- und Braunbären. Sogar eine Schar Affen befand sich unter ihnen, darunter zwei Orang-Utans und ein furchterregender Gorilla. Ich überlegte, woher unser Bundespräsident die doch nur alle besaß. Sicherlich hatte er sie von seinen vielen Reisen mitgebracht. Derweil schritt Papa jedoch fast gelangweilt vor mir her, schaute hin und wieder auf seine Uhr und ermahnte mich, nicht zu lange stehenzubleiben.

Nun ging ich hinter ihm die Treppe zum ersten Stockwerk hoch. Und dort befand sich wieder alles voller Tiere. Jetzt waren es allerdings fast ausschließlich Vögel. Und wiederum dachte ich, welch ein Herz unser Bundespräsident doch auch für Vögel hat. Vor allem hatten es mir die Adler mit ihren scharfen Augen und Krallen angetan, denen nichts entging. Aber auch der mit seinen Riesenflügeln schwingende Kondor sowie die vielen gierigen Geier konnte ich nicht genug betrachten. Nun ging es noch eine Treppe hoch, und weil Papa sich dabei sorgfältig die Krawatte zurechtrückte, glaubte ich, daß dort endlich unser Bundespräsident residieren würde. Doch auch hier kreuchte und fleugte es, und erneut kam ich aus dem Schauen und Staunen nicht heraus. Am meisten war ich beeindruckt von einer Nillandschaft mit den dicken Flußpferden und gefräßigen Krokodilen. Aber hier gab es nicht nur Säugetiere und Vögel, sondern auch Fische und Schmetterlinge sowie Kriechtiere wie Schlangen und Lurche.

Nun schritt Papa die Treppe wieder hinunter. Dabei rief ich ihm von hinten zu:

„Und wo kommen wir zum Bundespräsidenten?"

Ich weiß nicht, ob er mich verstanden hatte. Jedenfalls drehte er sich um und rief nun mir zu:

„In den Keller gehen wir nicht mehr. Du hast inzwischen genug von dem Palast gesehen."

Da war ich völlig verwirrt. Lebte unser Staatsoberhaupt tatsächlich im Keller seines Palastes und hatte alle anderen Räume den Tieren überlassen? Wirklich, was hatte unser Bundespräsident doch ein großes Herz für Tiere. Aber dann kamen mir plötzlich Zweifel. Irgend etwas konnte hier nicht stimmen. Und indem ich mit einem großen Satz zu Papa aufschloß, fragte ich ihn vorwurfsvoll:

„Aber warum wollen wir nicht mehr zu unserem Bundespräsidenten?"

Da blieb er schließlich stehen, schaute mich verdutzt an und erwiderte:

„Wieso? Der wohnt doch schräg gegenüber auf der anderen Straßenseite. Das hier ist lediglich das Zoologische Museum Alexander Koenig."

Jetzt fiel es mir wie Schuppen von den Augen, wobei ich jedoch verblüfft fragte:

„Und warum bist Du mit mir hierhin gegangen?"

„Damit ich von Dir nicht dauernd zu hören bekomme: ‚Wäre ich doch mit Onkel Willi in den Zoo gefahren!' Allerdings hat dieses Museum auch etwas mit dem Grundgesetz zu tun."

„Und was?"

Giraffen im Museum Alexander Koenig

Da nahm er mich väterlich am Arm, ging mit mir die restlichen Treppenstufen hinunter und meinte:

„Komm und setzen wir uns auf die Bank im Lichthof. Ich werde es Dir dort erklären."

Ich kam seiner Aufforderung gern nach, konnte ich mir dabei doch noch einmal all die großen Tiere rundherum in Ruhe betrachten. Also setzten wir uns und Papa begann:

„Wenn ich mich richtig erinnere, muß das damals so gewesen sein: Dieses Museum war einer der wenigen repräsentativen Bauten, die im Krieg heil geblieben waren. So entschlossen sich denn die Abgeordneten des Parlamentarischen Rats, die das Grundgesetz auszuarbeiten hatten, hier im Lichthof zu tagen. Um dabei jedoch von den Tieren nicht gestört und abgelenkt zu werden, verdeckte man die mit großen weißen Tüchern. Lediglich die Giraffe dort ließ sich nicht ganz verstecken und schaute daher mit ihrem langen Hals über die Absperrungen hinweg.

So begannen denn nun die Abgeordneten mit ihren Beratungen. Doch spätabends bzw. in der Nacht, wenn die Tiere wieder allein waren, mußte die Giraffe alles erzählen, was sie tagsüber gesehen, und der Elefant dort alles wiedergeben, was er mit seinen großen Ohren gehört hatte. Und dann begann darüber jedes Mal eine lebhafte Diskussion zwischen den Tieren.

Als nach einiger Zeit die Abgeordneten den ersten Abschnitt des künftigen Grundgesetzes, nämlich die ‚Grundrechte' abgehandelt hatten, waren damit die Tiere jedoch in keiner Weise einverstanden. In Artikel 1 der neuen Verfassung sollte es nämlich heißen: ‚*Die Würde des Menschen ist unantastbar. Sie zu ach-*

ten und zu schützen ist Verpflichtung aller staatlichen Gewalt.' Ihre Würde aber, die Würde der Tiere, wurde mit keinem Wort erwähnt. Ähnlich war es mit dem Artikel 2. Danach hatte jeder ‚*das Recht auf Leben und körperliche Unversehrtheit*' sowie auf ‚*Freiheit der Person*'. Nur ihr Leben, meuterten die Tiere, ihre Freiheit und Freizügigkeit wurden abermals vergessen. Dabei waren sie von den Menschen doch nur deswegen abhängig geworden, weil die sich als einzige Lebewesen Werkzeuge angefertigt und damit sie zu beherrschen begonnen hatten.

Somit beschlossen denn die Tiere einmütig, lauthals gegen das neue Grundgesetz zu protestieren. Und als sich dann am nächsten Morgen die Abgeordneten hier wieder versammelten, gab die Giraffe das vereinbarte Zeichen zum Losschlagen, indem sie kräftig zu spucken begann. Und dann brach ein Höllenlärm aus. Der Elefant dort begann zu trompeten, der Löwe drüben zu brüllen, und die Tiger und Panther fingen an zu fauchen. Alle Huftiere stampften, die Wölfe heulten, und in ihren Käfigen trommelten wie wild die Affen herum. Und dann erst die Vögel dort oben. Die schrien und schlugen allesamt mit ihren Flügeln einher. Dabei kreisten die Adler und der große Kondor furchterregend über den Köpfen der Abgeordneten, während die Geier beutegierig von den Gesimsen herunterblickten. Da bekamen es die Abgeordneten des Parlamentarischen Rats mit der Angst und verließen fluchtartig diesen Lichthof. Aus Furcht aber und ohne darüber nachzudenken, was die Tiere eigentlich wollten, setzten sie ihre Beratungen über das neue Grundgesetz an anderer Stelle, und zwar unweit von hier in der Pädagogischen Akademie am Rhein fort."

„...Freiheit, Recht und Frieden sind die politischen Ziele, die das deutsche Volk, das nicht mehr das Volk unter Hitler ist, ehrlich anstrebt. Laßt uns in Einheit danach streben."

(Schlußworte der Rede des Vorsitzenden der Ministerpräsidentenkonferenz zur Eröffnung des Parlamentarischen Rates in Bonn am 1. September 1948)

V. Der Bundespräsident

Art. 54 [Wahl durch die Bundesversammlung]

(1) [1]Der Bundespräsident wird ohne Aussprache von der Bundesversammlung gewählt. [2]Wählbar ist jeder Deutsche, der das Wahlrecht zum Bundestage besitzt und das vierzigste Lebensjahr vollendet hat.

(2) [1]Das Amt des Bundespräsidenten dauert fünf Jahre. [2]Anschließende Wiederwahl ist nur einmal zulässig.

(3) Die Bundesversammlung besteht aus den Mitgliedern des Bundestages und einer gleichen Anzahl von Mitgliedern, die von den Volksvertretungen der Länder nach den Grundsätzen der Verhältniswahl gewählt werden.

(4) [1]Die Bundesversammlung tritt spätestens dreißig Tage vor Ablauf der Amtszeit des Bundespräsidenten, bei vorzeitiger Beendigung spätestens dreißig Tage nach diesem Zeitpunkt zusammen. [2]Sie wird von dem Präsidenten des Bundestages einberufen.

(5) Nach Ablauf der Wahlperiode beginnt die Frist des Absatzes 4 Satz 1 mit dem ersten Zusammentritt des Bundestages.

(6) [1]Gewählt ist, wer die Stimmen der Mehrheit der Mitglieder der Bundesversammlung erhält. [2]Wird diese Mehrheit in zwei Wahlgängen von keinem Bewerber erreicht, so ist gewählt, wer in einem weiteren Wahlgang die meisten Stimmen auf sich vereinigt.

(7) Das Nähere regelt ein Bundesgesetz.

Der Bundespräsident

Aufsichtsratsvorsitzender oder Frühstücksdirektor?

Wir verließen nun das Museum Koenig und gingen schräg gegenüber auf die andere Straßenseite. Dort residierte endlich unser Bundespräsident, und zwar in einem feudalen zweistöckigen Gebäude, auch Villa Hammerschmidt genannt. Die Villa hieß so, weil vorher in ihr eine Familie Hammerschmidt gewohnt hatte. Und davor gehörte sie einer Familie Koenig. Deren Sohn Alexander errichtete dann später das von uns soeben besuchte Museum. So gab es schon alte Beziehungen zwischen beiden Gebäuden, und wahrscheinlich betrachtete unser Bundespräsident deshalb das Museum auch als seinen Privat- oder ihm unterstehenden Staats-Zoo.

Die Villa selbst lag in einem großen, von einem hohen Gitter umgebenen Park. Das breite Eisentor der Zufahrt war jedoch verschlossen. Anscheinend hatte sich unser Bundespräsident mal wieder auf Reisen begeben, um noch mehr exotische Tiere heranzuschaffen. Ich war enttäuscht, Papa meinte jedoch:

„Dann spielen wir hier draußen das Verfassungsorgan Bundespräsident“, um nach einer Weile fortzufahren: „Nehmen wir

Die Villa Hammerschmidt

an, Dich hätte soeben die Bundesversammlung auf fünf Jahre zu unserem neuen Staatsoberhaupt gewählt."

Die Andienung eines solch hohen Amtes kam schon überraschend für mich, weshalb ich es zunächst ablehnte. Doch nach und nach fand ich Gefallen an dem Gedanken, selbst auch einmal hohe Politik machen zu dürfen.

„Na gut", willigte ich schließlich ein.

„Was heißt hier: Na gut?" rüffelte er mich umgehend. „Das heißt: Ich nehme die Wahl an."

„Auch gut. Ich nehme die Wahl an", kam ich seiner Aufforderung nach. „Und kann ich jetzt mit der hohen Politik beginnen?"

„Moment, alles der Reihe nach. Bevor Du mit dem Regieren beginnst, hast Du noch den Amtseid zu leisten."

Würdevoll blätterte er anschließend in seinem Grundgesetz herum, bis er die gesuchte Stelle gefunden hatte. Dann wies er mich an, die Hand zum Eid zu erheben und das von ihm Vorgelesene jeweils nachzusprechen. So stand ich denn mit erhobenem Arm vor dem großen Eisentor, den Blick durch das Gitter in den Park gerichtet, und leistete den notwendigen Amtseid wie folgt:

> *„‚Ich schwöre, daß ich meine Kraft dem Wohle des deutschen Volkes widmen, seinen Nutzen mehren, Schaden von ihm wenden, das Grundgesetz und die Gesetze des Bundes wahren und verteidigen, meine Pflichten gewissenhaft erfüllen und Gerechtigkeit gegen jedermann üben werde. So wahr mir Gott helfe.'"*

Danach durfte ich meine Hand wieder herunternehmen und konnte endlich mit dem Regieren beginnen. Doch soviel ich auch in den Park und auf meinen neuen Amtssitz schaute, nichts wollte mir als erste Amtshandlung einfallen. Schließlich kam Papa mir zu Hilfe:

„Eine der vornehmsten Aufgaben des Bundespräsidenten ist es, dem Bundestag jemanden zur Wahl zum Bundeskanzler vorzuschlagen."

Da brauchte ich nicht lange zu überlegen.

„Dann schlage ich dafür Onkel Willi vor."

Entsetzt schaute mich Papa an.

„Du schlägst Onkel Willi zum Bundeskanzler vor? Daß ich nicht lache. Der taugt doch höchstens zum Frühstücksdirektor."

Das fand ich nun doch äußerst beleidigend, weshalb ich auch trotzig auf meinem Vorschlag beharrte. Erst nach einer geraumen Weile lenkte Papa ein:

„Meinetwegen!", um dann jedoch mit gekrauster Stirn fortzufahren: „Ich will Dir aber auch sagen, was jetzt im Deutschen Bundestag mit Onkel Willi passiert. Der fällt bei der Wahl zum Bundeskanzler mit Pauken und Trompeten durch. Anschließend wird mit absoluter Mehrheit der Kandidat der stärksten Fraktion zum Kanzler gewählt. Und Deine Pflicht als Bundespräsident ist es jetzt, den und nicht Onkel Willi zum neuen Bundeskanzler zu ernennen."

Das ließ mich weiterhin sehr ungehalten sein, weshalb ich denn auch in ärgerlichem Ton fragte:

„Und was habe ich ansonsten noch pflichtgemäß zu ernennen?"

„Das haben wir sogleich", schlug er sein Grundgesetz erneut auf. „Hier steht es in Artikel 60 Abs. 1: ‚*Der Bundespräsident ernennt und entläßt die Bundesrichter, die Bundesbeamten, die Offiziere und Unteroffiziere, soweit gesetzlich nichts anderes bestimmt ist.*' Nach Abs. 2 kann er aber auch ‚*diese Befugnisse auf andere Behörden übertragen*'."

„Na gut", witterte ich erneut meine Chance. „Dann ernenne ich Onkel Willi zum General."

„Oh armes Vaterland!" schlug Papa seine Hände über dem Kopf zusammen. „Dann doch lieber zum Admiral, damit er zugleich solch eine schöne weiße Uniform tragen kann. Und mit der solltest Du ihn als Marineattachee zum Heiligen Stuhl nach Rom schicken. Dort kann er dann dafür beten, daß unsere Schiffe nicht untergehen. Nein, nein, das geht höchstens umgekehrt", stand er jetzt mit erhobenem Zeigefinger vor mir. „Der Bundesverteidigungsminister schlägt jemanden zum General vor, und Du als Bundespräsident hast den dann zu ernennen. Und Du glaubst doch nicht im Ernst, daß unser Bundesverteidigungsminister Onkel Willi unter seiner Generalität haben will."

So mußte ich denn feststellen, daß ich als Bundespräsident keineswegs alles das durfte, was mir so in den Sinn kam. Daher verlor ich auch schon wieder das Interesse an meinem hohen Amt.

„Und", meinte Papa zudem mitleidsvoll, „wenn ich das hier lese, darfst und hast Du nur noch die im Bundestag beschlossenen Gesetze zu unterzeichnen und zu veröffentlichen sowie

Staatsgäste auf der Rathaustreppe nach der Eintragung ins Goldene Buch

den Bund völkerrechtlich zu vertreten. Letzteres heißt vor allem, Staatsbesuche zu machen und zu empfangen."

Da spitzte ich allerdings meine Ohren und bekam plötzlich wieder Lust aufs Regieren. Und so willigte ich denn auch in seinen Vorschlag ein, König Tongo von den Fidschi-Inseln zum Staatsbesuch zu empfangen. Und den ließ Papa nun für mich wie folgt ablaufen:

Zunächst mußte ich König Tongo vom Flughafen abholen, wo ihm der rote Teppich ausgerollt wurde. Anschließend schritten wir gemeinsam die angetretene Ehrenkompanie ab, um dann in Begleitung einer Motorradeskorte hier nach Bonn zu fahren. Am Abend gab ich zu Ehren von König Tongo einen Empfang auf Schloß Augustusburg in Brühl. Der bestand aus einem Defilee hoher Gäste aus Politik und Wirtschaft auf der prachtvollen Treppe von Balthasar Neumann mit anschließendem Abendessen. Bei letzterem hielt ich eine Tischrede, in der ich König Tongos hohe Staatskunst lobte, mit der er seine tausend Inseln im weiten Pazifik zusammenhalte. Daraufhin sprach der mir eine Gegeneinladung zu sich aus. Außerdem verliehen wir uns gegenseitig hohe Auszeichnungen und tauschten einander Gast-Geschenke aus. Anderntags ließ ich König Tongo Zeit, um sich im Rathaus der Stadt Bonn ins Goldene Buch einzutragen sowie zu politischen Gesprächen mit der Bundesregierung, insbesondere auch dem Entwicklungsminister. Währenddessen besuchte die von König Tongo mitgebrachte weibliche Begleitung das Museum Koenig. Schließlich hatte ich König Tongo wieder zu verabschieden.

Ich muß sagen, mir hatte dieser Staatsbesuch gefallen. Stolz und mit verschränkten Armen ging ich daher ob meiner ersten gelungenen Amtshandlung vor dem großen Tor auf und ab. Doch machte ich mir Sorgen, wie ich dieser Gegeneinladung zu den Fidschi-Inseln nachkommen konnte. Aber Papa beruhigte mich, als Bundespräsident hätte ich Anspruch auf ein Freiflug-Ticket unserer Deutschen Lufthansa.

„Und was darf ich noch alles als Bundespräsident?" fragte ich weiter in Hochstimmung.

„Ich glaube", schlug er noch einmal das Grundgesetz auf, „ich glaube, das ist alles", um dann allerdings einzuschränken: „Hier in Art. 60 Abs. 2 steht doch noch etwas, nämlich: ‚*Er übt im Einzelfalle für den Bund das Begnadigungsrecht aus.*'"

„Heißt das, daß ich jemanden aus dem Gefängnis holen kann?" hakte ich sogleich nach.

„So könnte man sagen."

„Wie gut!" frohlockte ich. „Dann begnadige ich hiermit Onkel Willi."

„Wieso?" schaute Papa mich verdutzt an. „Onkel Willi sitzt doch nicht etwa im Gefängnis?"

„Aber demnächst. Er hat nämlich letzte Woche zu Mama gesagt, daß er wegen zu schnellen Fahrens einen Strafbescheid erhalten habe, und zwar über dreihundert Mark oder ersatzweise zwei Tage Haft. Und bezahlen wolle er keinesfalls."

„Das wußte ich noch gar nicht", zog Papa verächtlich die Augenbrauen hoch. „Was man hier in Bonn doch so alles über seine Verwandtschaft erfährt. Aber ich muß Dich enttäuschen. Verkehrsdelikte sind Sache der Länder und nicht des Bundes.

Deshalb bist Du als Bundespräsident auch nicht dafür zuständig, sondern der Ministerpräsident unseres Bundeslandes."

Darüber war ich denn nun nicht nur arg enttäuscht, sondern auch verbittert. Hatte ich doch als Bundespräsident dreimal vergeblich versucht, für Onkel Willi etwas Gutes zu tun. So entfuhr es mir denn auch wütend:

„Weißt Du, was unser Bundespräsident ist? Nur ein Frühstücksdirektor!"

Damit aber hatte ich Papas staatsbürgerlichen Nerv getroffen. Jedenfalls brachte ich ihn regelrecht auf die Palme.

„Was hast Du da gesagt?" entrüstete er sich mit hochrotem Kopf. „Du bezeichnest unser Staatsoberhaupt als Frühstücksdirektor? Und das noch hier vor seinem Amtssitz. Das ist Majestätsbeleidigung! Der Bundespräsident ist der oberste Notar der Nation, verkörpert die Lebenslinien unserer Republik. Der ist", erregte er sich weiter, „der Repräsentant der ersten funktionierenden Demokratie unserer deutschen Geschichte, das Aushängeschild unserer nationalen Identität. Und wenn Du schon einen Vergleich mit der Wirtschaft heranziehst, dann ist er zumindest der Aufsichtsratsvorsitzende unserer Bundesrepublik", wobei er jetzt mit verschränkten Armen vor dem Tor auf und ab schritt und mir schließlich sogar vorwarf: „Ich muß doch sehr an der in Deinem Amt notwendigen Verfassungstreue zweifeln."

Anschließend aber schien ihm etwas Besonderes einzufallen. Und in der Tat forderte er mich plötzlich auf, als Versöhnung und zum Zeichen meiner demokratischen Grundhaltung die Nationalhymne zu singen, wozu er alsbald in Richtung Villa

Hammerschmidt militärische Haltung einnahm. Und wie er da so wie eine Eins stand, konnte und mochte ich mich ihm nicht widersetzen, jedoch wollte mir die Nationalhymne einfach nicht einfallen.

„Dann denke meinetwegen an Onkel Willi", kam er mir zu Hilfe, „ich meine an die Melodie, die er immer singt, wenn er zuviel Rotwein getrunken hat."

Da ging mir das meines Erachtens richtige Licht auf, und weisungsgemäß fing ich an zu singen:

„Deutschland, Deutschland ..."

Weiter kam ich nicht. Papa fing nämlich jetzt förmlich an zu brüllen:

„Aufhören! Aufhören!", wobei er allerdings ängstlich in den Park schaute. „Ich habe Dir ausdrücklich gesagt, Du sollst Dich nur an die Melodie von Onkel Willi, nicht aber auch an seinen Text erinnern. So geht das nun wirklich nicht. Die Geduld des deutschen Volkes ist endgültig erschöpft", stampfte er jetzt sogar mit den Füßen, wonach er allerdings sogleich wieder Haltung annahm und autoritär verkündete: „Du bist hiermit als Bundespräsident abgesetzt!"

Einen solch schmachvollen Abgang aus diesem hohen Amt konnte und wollte ich jedoch nicht hinnehmen, weshalb ich gelassen erwiderte:

„So einfach geht das nicht. Ich bin auf fünf Jahre gewählt."

Sichtlich überrascht und hilflos schaute Papa zunächst in den Park, begann dann jedoch hastig im Grundgesetz herumzublättern, um schließlich befriedigt festzustellen:

„Dann lasse ich Dich nach Artikel 61 vor dem Bundesverfassungsgericht anklagen. Die stellen dann fest, daß Du vorsätzlich gegen das Grundgesetz verstoßen hast, um Dich anschließend Deines Amtes zu entheben."

„Und was will man im einzelnen gegen mich vorbringen?" war ich auch damit nicht einverstanden.

„Da gibt es schon ein ganzes Sündenregister in Deiner kurzen Amtszeit. Allein, daß Du einen künftigen Sträfling zum Bundeskanzler bzw. General machen wolltest. Unsere Bundesrepublik ist doch keine Verbrecherkolonie!"

Nach derart schweren Vorwürfen plagte mich dann doch mein Gewissen, und ich wollte nun nicht mehr länger Bundespräsident sein. Außerdem hatten wir lange genug hier vor dem großen Eisentor gestanden. Somit erklärte ich großzügig:

„Na gut, dann trete ich hiermit von meinem hohen Amt zurück."

Damit hatte Papa offensichtlich nicht gerechnet, so daß er zunächst in Schweigen verfiel. Doch schließlich sagte er sichtlich bewegt:

„Mein Sohn, Respekt und Hochachtung vor dieser Deiner uneigennützigen Entscheidung. Du hast Dich um die Demokratie unseres Vaterlandes verdient gemacht."

Mit diesem meinem gelungenen Rücktritt war auch für Papa das Verfassungsorgan Bundespräsident abgehakt, so daß er sich zum Weitergehen anschickte. Doch so uneigennützig hatte ich wiederum nicht abgedankt, weshalb ich noch schnell verlauten ließ:

„Ich werde noch heute abend nach Tongo-Tonga fliegen und dort meine neue Präsidentschaft antreten", um abschließend noch festzustellen: „Jedenfalls habe ich da mehr zu sagen als hier."

Er aber lachte:

„Tongo-Tonga! Wo liegt denn das?"

„Ist eine der tausend Fidschi-Inseln. Und König Tongo hat sie mir bei seinem letzten Staatsbesuch als Gastgeschenk vermacht."

„Und was hast Du ihm zum Geschenk gemacht?"

„Ein großes Fernrohr", fiel es mir ein.

„Klug gewählt", spottete Papa daraufhin. „Damit König Tongo noch besser alle seine Inseln zusammenhalten kann", um dann aber wieder in anklagenden Ton zu verfallen: „Und das alles von unseren Steuergeldern. Und wie ich mich erinnere, hatte König Tongo auch noch um Entwicklungshilfe nachgesucht. Nein, nein, diese Insel Tongo-Tonga hast Du an die Staatskasse abzuliefern."

„Aber König Tongo hat mir die ausdrücklich und ganz persönlich geschenkt", protestierte ich.

„Natürlich, ich verstehe", fing er jetzt wieder an zu spotten. „König Tongo hatte richtig Mitleid mit Dir als einem Präsidenten auf Zeit. Und damit Du anschließend nicht in ein tiefes Rentnerloch fällst, hat er Dir eine seiner vielen Inseln zum ganz persönlichen Weiterpräsidieren geschenkt. Übrigens, wie willst Du überhaupt nach Tongo-Tonga hinkommen?"

„Natürlich mit der Lufthansa."

„Aber das Freiflug-Ticket gilt nur für einen noch amtierenden Präsidenten."

„Dann trete ich erst morgen zurück", fand ich einen Ausweg.

„So kann man mit dem Amt des Bundespräsidenten nicht umgehen", ereiferte er sich plötzlich wieder, wonach er allerdings auf die Uhr schaute und meinte: „Wir sind nicht mehr im Zeitplan. Gehen wir also zügig weiter zum Palais Schaumburg, zu unserem Bundeskanzler", um dann noch ein wenig stöhnend hinzuzufügen: „Jedenfalls habe ich noch viel Arbeit zu leisten, bevor Du exportfähig für Tongo-Tonga bist."

VI. Die Bundesregierung

Art. 62 [Zusammensetzung] Die Bundesregierung besteht aus dem Bundeskanzler und aus den Bundesministern.

Art. 63 [Wahl und Ernennung des Bundeskanzlers] (1) Der Bundeskanzler wird auf Vorschlag des Bundespräsidenten vom Bundestage ohne Aussprache gewählt.

(2) [1] Gewählt ist, wer die Stimmen der Mehrheit der Mitglieder des Bundestages auf sich vereinigt. [2] Der Gewählte ist vom Bundespräsidenten zu ernennen.

(3) Wird der Vorgeschlagene nicht gewählt, so kann der Bundestag binnen vierzehn Tagen nach dem Wahlgange mit mehr als der Hälfte seiner Mitglieder einen Bundeskanzler wählen.

(4) [1] Kommt eine Wahl innerhalb dieser Frist nicht zustande, so findet unverzüglich ein neuer Wahlgang statt, in dem gewählt ist, wer die meisten Stimmen erhält. [2] Vereinigt der Gewählte die Stimmen der Mehrheit der Mitglieder des Bundestages auf sich, so muß der Bundespräsident ihn binnen sieben Tagen nach der Wahl ernennen. [3] Erreicht der Gewählte diese Mehrheit nicht, so hat der Bundespräsident binnen sieben Tagen entweder ihn zu ernennen oder den Bundestag aufzulösen.

Die Bundesregierung

Wo der Kanzler mit der Tischglocke läutet

Das Wort Schaumburg fand ich schon recht eigenartig. Residierte unser Bundeskanzler etwa in einer Burg aus Schaum? Unwillkürlich kam mir dabei wieder Onkel Willi in den Sinn. Der hatte nämlich immer so lustige Sprüche, neulich auch einen mit Schaum drauf. Als er nämlich letzte Woche wieder mal unverhofft und halb zerzaust zu Besuch auftauchte und Mama ihn vorwurfsvoll begrüßte mit: „Mein Gott Willi! Wo kommst Du denn her?", da erwiderte er entschuldigend:

„Oh Martha, ich komme aus Dümmerlohausen,
Dort war der Schaum am Sausen."

Und als sie ihm anschließend kopfschüttelnd die Jacke ausschüttelte bzw. -fluste, fügte er noch lachend hinzu:

„Man ist so voller Flausen,
Kommt man aus Dümmerlohausen."

Ja, so lustig konnte Onkel Willi sein.

Inzwischen waren wir an diesem Palais Schaumburg, unserem Bundeskanzleramt, angekommen. Es handelte sich wie die

Kanzler wählt. Jedenfalls sucht sich der Bundeskanzler sogleich nach seiner Wahl seine Minister aus, ernennt einen von ihnen zum Vizekanzler, d.h. zu seinem Stellvertreter, und damit ist die Bundesregierung komplett. Einmal in der Woche treffen die sich hier an einem großen Tisch zur Kabinettsrunde, die der Kanzler mit einer Glocke einläutet. Dann wird über das Wohl und Wehe unserer Bundesrepublik und über eingebrachte Vorlagen einzelner Minister diskutiert, und bereits vorher in kleiner Koalitionsrunde gefundene Absprachen werden abgesegnet. Dabei ist es die vornehmste grundgesetzliche Aufgabe des Bundeskanzlers, die Richtlinien der Politik zu bestimmen."

Als Papa so geendet hatte, erwartete ich von ihm die Aufforderung, nun den Bundeskanzler zu spielen. Um so mehr war ich überrascht, als er sich statt dessen zum Weitergehen anschickte. Wahrscheinlich hatte er Angst, ich könnte bei meiner Regierungsbildung Onkel Willi zum Vizekanzler ernennen. Allerdings wollte ich schon etwas genauer wissen, was unser Bundeskanzler in der hohen Politik, vor allem im Vergleich zu unserem Bundespräsidenten alles durfte bzw. nicht durfte. Und das erklärte Papa mir dann wie folgt:

„Am besten Du merkst Dir folgende Grundregel: Unser Bundespräsident darf, mit Ausnahme von allgemeinen Reden halten, politisch eigentlich gar nichts, es sei denn, daß ihn das Grundgesetz ausdrücklich dazu auffordert. Unser Bundeskanzler darf dagegen politisch alles mit Ausnahme dessen, was nach dem Grundgesetz ausdrücklich anderen vorbehalten ist."

Damit wußte ich zwar konkret nicht viel mehr. Aber mir wurde immerhin klar, daß von beiden unser Bundeskanzler wesentlich mehr zu sagen hatte. Und so entschloß ich mich denn auch, unter meiner zukünftigen Präsidentschaft auf Tongo-Tonga keinen solch politisch starken Bundeskanzler als Konkurrenten zuzulassen.

Wir gingen weiter die Adenauer-Allee hinunter, jetzt an einem Bretterzaun entlang.

„Dahinter wird das neue Bundeskanzleramt gebaut", wußte Papa. „Das Palais Schaumburg wird für den Kanzler allmählich zu klein."

Dagegen befand sich rechter Hand, auf der gegenüberliegenden Straßenseite, das Bonn-Center mit einem hoch aufragenden Gebäude. Obendrauf aber drehte sich ein dreizackiger Stern. Papa kommentierte:

„Überm Kreml in Moskau leuchtet der rote Stern, überm Regierungsviertel in Bonn der Mercedes-Stern", um dann noch sinnend hinzuzufügen: „Ist solch ein wirtschaftspolitischer Leitstern."

„Und was sagt unser Grundgesetz dazu?" bemerkte ich eher beiläufig.

„Das gibt mit bestimmten Grundrechten", dozierte er hocherfreut ob meines vermeintlichen Interesses, „wie Privateigentum, Berufsfreiheit und Tarifautonomie wichtige Elemente einer marktwirtschaftlichen Ordnung vor. Andererseits erlaubt das Grundgesetz aber auch eine Wirtschaftspolitik der öffentlichen Planung und Kontrolle."

Das war schon sehr kompliziert für mich. Dennoch veranlaßte es mich zu der Frage:

„Und wofür steht nun der Mercedes-Stern?"

„Natürlich mehr für die Marktwirtschaft, also die unternehmerische Privatinitiative. Und damit ist unsere Bundesrepublik bisher auch ganz gut gefahren."

Auf unserem weiteren Fußmarsch kamen wir nun linker Hand am Presse- und Informationsamt der Bundesregierung vorbei. Wie Papa mir erklärte, hatte dieses die Regierungspolitik in der Öffentlichkeit darzustellen bzw. zu verkaufen und zudem dem Bundeskanzler die für ihn notwendigen politischen Informationen aus dem In- und Ausland zu liefern. Schließlich mußte der doch über alles informiert sein, wollte er verantwortungsvoll die Richtlinien der Politik bestimmen.

Während also auf der linken Seite der Adenauer-Allee die Regierungsgebäude standen, wechselten sich auf der anderen Straßenseite, also in Verlängerung des Bonn-Center, einzeln stehende Häuser mit unbebauten bzw. Gartengrundstücken ab. Papa meinte denn auch, dort sei eigentlich der angemessene Platz für weitere repräsentative Bauten wie etwa Museen. Die würden dort dem Regierungssitz Bonn gut zu Gesicht stehen.

„Aber die haben hier doch schon das Museum Koenig", wandte ich ein.

„Für König Tongos weibliche Begleitung mag das dieses Mal noch ausgereicht haben", schmunzelte er. „Aber beim nächsten Besuch kann der Protokollchef die doch nicht schon wieder zu den Tieren schicken. Die wollen auch mal etwas anderes sehen."

Das leuchtete mir ein, weshalb ich hinzufügte:

„Und Bonn hätte dann nicht nur eine Regierungs-, sondern auch eine Museumsmeile."

Der Bundeskanzler bestimmt die Richtlinien der Politik. Und er bestimmt natürlich auch, was Richtlinien der Politik sind.

Der Bundespräsident hat genausoviel Macht, wie der Bundeskanzler schlechte Nerven hat.

Ein Bundeskanzler hat nicht die Wahrheit für sich gepachtet; ich bin Zeuge dafür, daß es so ist.

(Konrad Adenauer - Bundeskanzler von 1949 bis 1963)

III. Der Bundestag

Art. 38 [Wahl] (1) [1]Die Abgeordneten des Deutschen Bundestages werden in allgemeiner, unmittelbarer, freier, gleicher und geheimer Wahl gewählt. [2]Sie sind Vertreter des ganzen Volkes, an Aufträge und Weisungen nicht gebunden und nur ihrem Gewissen unterworfen.

(2) Wahlberechtigt ist, wer das achtzehnte Lebensjahr vollendet hat; wählbar ist, wer das Alter erreicht hat, mit dem die Volljährigkeit eintritt.

(3) Das Nähere bestimmt ein Bundesgesetz.

Art. 39 [Zusammentritt und Wahlperiode] (1) [1]Der Bundestag wird auf vier Jahre gewählt. [2]Seine Wahlperiode endet mit dem Zusammentritt eines neuen Bundestages. [3]Die Neuwahl findet frühestens fünfundvierzig, spätestens siebenundvierzig Monate nach Beginn der Wahlperiode statt. [4]Im Falle einer Auflösung des Bundestages findet die Neuwahl innerhalb von sechzig Tagen statt.

(2) Der Bundestag tritt spätestens am dreißigsten Tage nach der Wahl zusammen.

Der Bundestag

Wo die Abgeordneten ihren Dienst tun

Wir bogen jetzt nach links in die mit Bäumen bestandene Heußallee ab. Auf der gegenüberliegenden Seite befand sich das Tulpenfeld, ein Areal mit mehreren modernen Gebäuden, eines davon fast so hoch wie das vom Bonn-Center mit dem wirtschaftspolitischen Leitstern. Hier, wo mehrere Ministerien, Botschaften, Verbände und Lobbyisten residierten, fanden auch die Pressekonferenzen der Bundesregierung statt. Dabei bezeichnete Papa die Presse ehrfürchtig als vierte Gewalt in unserem Staat. Darunter konnte ich mir allerdings zu diesem Zeitpunkt noch wenig vorstellen.

Nach zwei Kreuzungen verlief die Heußallee leicht abfallend und stieß dort auf das Rheinufer. Kurz davor ragte rechter Hand ein riesiges Gebäude in den Himmel, bei dem ich an die dreißig Stockwerke zählte. Papa nannte es den Langen Eugen und schätzte seine Höhe auf mehr als hundert Meter. Angeblich hatte der damalige Bundestagspräsident Gerstenmaier mit dem Vornamen Eugen den Bau dieses Hochhauses initiiert.

„Und wer wohnt bzw. arbeitet darin?" fragte ich.

Ehemaliges Bonner Wasserwerk; im Hintergrund der Lange Eugen

„Unsere Bundestagsabgeordneten, wenn sie hier in Bonn sind."

„Und dafür brauchen die ein solch großes Haus?" staunte ich noch immer über die Ausmaße.

„Das reicht nicht einmal für alle. Schließlich gibt es auch unsere Demokratie nicht zum Nulltarif."

„Und was arbeiten unsere Bundestagsabgeordneten hier in Bonn?" fragte ich unvorsichtigerweise weiter.

Da hielt er an, schlug wieder sein Grundgesetz auf und las mir im Stehen vor:

„Hier in Artikel 38 heißt es: *‚Die Abgeordneten des Deutschen Bundestages werden in allgemeiner, unmittelbarer, freier, gleicher und geheimer Wahl gewählt. Sie sind Vertreter des ganzen Volkes, an Aufträge und Weisungen nicht gebunden und nur ihrem Gewissen unterworfen.*'"

Damit wußte ich zwar noch nicht, was unsere Bundestagsabgeordneten hier außer Gewissenserforschung machten. Doch dann ergänzte er:

„Und jetzt gehen wir dorthin, wo unsere Abgeordneten ihre Hauptarbeit verrichten, sich ihr Gehalt und ihre Diäten verdienen oder auch erdienen, nämlich zum Verfassungsorgan Bundestag bzw. Parlament", um dann noch gewichtig hinzuzufügen: „Es ist das Herzstück unserer demokratischen Verfassung."

Wir gingen jetzt die Uferstraße rheinabwärts. Auf dem Strom fuhren ein paar Frachtschiffe, obwohl doch heute Vatertag war. Linker Hand zog sich ein verwildertes Grundstück mit einem hinter Bäumen und Sträuchern versteckten und teilweise mit Efeu überwucherten Gebäude hin, das ehemalige Bonner

Blick vom Beueler Ufer auf das Bundeshaus

Wasserwerk. Im Vergleich zu dem hinter ihm aufsteigenden Langen Eugen kam es mir jedoch mehr wie ein kleines Märchenschloß vor. Und dann stießen wir auf den Sitz unseres Parlaments bzw. die Rückseite des Bundeshauses. Es handelte sich um die ehemalige Pädagogische Akademie, in die damals die Abgeordneten des Parlamentarischen Rats vor den Tieren aus dem Museum Koenig geflohen waren. Allerdings war das Gebäude inzwischen umgebaut und mehrfach erweitert worden, sodaß es sich jetzt als einen ineinander verschachtelten Gebäudekomplex darstellte. Es hatte unendlich viele Fenster und war ebenso weiß angestrichen wie die Villa Hammerschmidt und das Palais Schaumburg. Im Vergleich zu denen fehlten hier allerdings die hohe Mauer bzw. das Gitter und der weitläufige Park. Alles war lediglich von einer schmalen Grünanlage eingefaßt. So vermochten wir denn auch ungehindert bis zum rheinseitigen Eingang des Gebäudes vorzudringen. Der aber konnte, da auch unsere Abgeordneten heute auf Vatertags-Urlaub waren, nur verschlossen sein.

Natürlich würde Papa mir hier, so vermutete ich, wiederum das Verfassungsorgan Bundestag nahezubringen versuchen. Das wollte ich aber nicht noch einmal im Stehen, sondern höchstens im Sitzen über mich ergehen lassen und dabei gleichzeitig die vorbeifahrenden Schiffe auf dem Rhein betrachten. Doch bevor ich mich auf den Treppenstufen niederließ, drückte ich gewohnheitshalber auf die Klinke der Eingangstür. Zu meinem großen Erstaunen war sie unverschlossen. Papa schien davon ebenso überrascht zu sein, denn er stand eine Weile ratlos und zögernd da. Doch dann meinte er, sich Mut zusprechend:

„Es kann mir niemand verübeln, wenn ich Dir am Vatertag den Plenarsaal des Bundestages zeige“, worauf ich ironisch ergänzte:

„Zumal es Deine Vatertags-Pflicht ist, aus mir einen brauchbaren Staatsbürger zu machen.“

So betraten wir denn das Innere des Gebäudes, er mir voraus und ich schon ein wenig neugierig. Zunächst ging es einen breiten Gang entlang. Rechter Hand befanden sich zwei Garderobenräume. Noch war es überall still und niemand hielt uns auf. Anscheinend waren auch die Bediensteten in Urlaub gefahren, hatten dabei aber die Außentür zur Rheinseite hin vergessen abzuschließen. Am Ende des Ganges kamen wir linker Hand in eine große Wandelhalle, die Lobby. Woher Papa hier alles so genau kannte, war mir rätselhaft. Und dann steuerte er auf eine doppelflügige Tür zu. Wir hatten Glück, denn auch die war unverschlossen. Es war der Eingang zum Plenarsaal bzw. Sitzungssaal, den wir nun betraten. Dabei murmelte er ehrfurchtsvoll:

„Alle Macht geht vom Volke aus!“

Der Saal bot sich mir wie ein riesengroßes Klassenzimmer dar, vollgestopft mit Schülerpulten und beherrscht von einer Kathederwand. An der Stirnseite des Saals befand sich nämlich in der Mitte ein aus schwarz gebeiztem Holz verkleideter und mit eingelassenen Messingschienen verzierter Hochsitz. Es war die Präsidentenbank. Auf ihm residiere, wie Papa mir erklärte, der Bundestagspräsident. Dieser hätte die Sitzungen zu leiten, und zwar nach einer vom Bundestag beschlossenen Geschäftsordnung. Daher war er auch mit einem besonders großen Stuhl einschließlich hochgepolsterter Rückenlehne ausgestattet. Zudem besaß der Bundestagspräsident hier die Polizeigewalt. Wie gut, daß der heute ebenfalls ins Grüne gefahren war, ansonsten hätte er uns gar noch verhaftet. So machte sich denn auch über dem Präsidentenstuhl an der Wand ein riesiger Adler breit, der sein Gefieder und seine Krallen furchterregend spreizte. Sicherlich hatte man den als größtes Exemplar aus dem Museum Koenig mitgenommen bzw. von dort entliehen. Und sicherlich hatte der hier auch die neben ihm aufgezogene Bundesfahne zu bewachen.

Beiderseits der Präsidentenloge aber, und zwar ebenfalls erhöht und ebenso verkleidet, zogen sich zur rechten Seite die Bundesratsbank, zur linken Seite die Regierungsbank hin. Auf letzterer gebührten, wie Papa mir weiter erklärte, der vordere Eckplatz dem Bundeskanzler, der daneben dem Vizekanzler. Vor bzw. unterhalb der Präsidentenbank gab es dann noch das Rednerpult, davor die Plätze für die Stenografen, die alle Debatten und Abstimmungen mitzustenografieren hatten. Gegenüber von allem aber befanden sich leicht aufsteigend und fast halbkreisförmig in Zweierreihen die Plätze der Abgeordneten, was den ganzen übrigen Teil des Saals in Anspruch nahm. Die Sitze selbst bestanden aus einem ebenfalls schwarz gebeizten bzw. lackierten und grün gepolsterten Klappgestühl mit Rücken- und Armlehnen sowie einem Schreibpult. Letzteres hatte einen aufklappbaren Deckel einschließlich Griffelablage. Dabei zeigte Papa mir, wie die Sitze unter den zur Zeit im Bundestag vertretenen Parteien segmentartig aufgeteilt waren. Dabei hätten die gewichtigsten Abgeordneten, wie etwa die Fraktionsvorsitzenden, ihren Platz ganz vorn. Schließlich gab es noch oberhalb des Saals auf jeder Seite, mit Ausnahme der Stirnwand, eine Galerie. Dort aber befanden sich die Presse-, Zuschauer- und Diplomatenbühnen.

„Demokratie ist nur möglich, wenn wir unseren Repräsentanten in Parlamenten und Regierung glauben können. Wir sind darauf angewiesen, ihnen zu glauben, daß sie die Wahrheit sagen - ihre subjektive Wahrheit natürlich - und daß sie ihren subjektiven Überzeugungen gemäß handeln. Sie dürfen dabei weder lügen noch täuschen.“

(Helmut Schmidt - Bundeskanzler von 1974 bis 1982)

VII. Die Gesetzgebung des Bundes

Art. 70 [Gesetzgebung des Bundes und der Länder] (1) Die Länder haben das Recht der Gesetzgebung, soweit dieses Grundgesetz nicht dem Bunde Gesetzgebungsbefugnisse verleiht.

(2) Die Abgrenzung der Zuständigkeit zwischen Bund und Ländern bemißt sich nach den Vorschriften dieses Grundgesetzes über die ausschließliche und die konkurrierende Gesetzgebung.

Art. 71 [Ausschließliche Gesetzgebung des Bundes] Im Bereiche der ausschließlichen Gesetzgebung des Bundes haben die Länder die Befugnis zur Gesetzgebung nur, wenn und soweit sie hierzu in einem Bundesgesetze ausdrücklich ermächtigt werden.

Art. 72 [Konkurrierende Gesetzgebung] (1) Im Bereich der konkurrierenden Gesetzgebung haben die Länder die Befugnis zur Gesetzgebung, solange und soweit der Bund von seiner Gesetzgebungszuständigkeit nicht durch Gesetz Gebrauch gemacht hat.

(2) Der Bund hat in diesem Bereich das Gesetzgebungsrecht, wenn und soweit die Herstellung gleichwertiger Lebensverhältnisse im Bundesgebiet oder die Wahrung der Rechts- oder Wirtschaftseinheit im gesamtstaatlichen Interesse eine bundesgesetzliche Regelung erforderlich macht.

Die Gesetzgebung des Bundes

Für mehr Asche in der Tasche und frischen Fisch auf deutschem Tisch

Wir hatten uns inzwischen in einer der Sitzreihen niedergelassen. Von dort betrachtete ich mir noch einmal den großen grimmigen Adler. Dabei konnte ich mir gut vorstellen, wie der sich auf Geheiß des Bundestagspräsidenten auf schlafende oder renitente Abgeordnete stürzte, sie mit seinen Krallen faßte und anschließend mit ihnen zu einem strafenden Rundflug abhob. Damit hatte der Hausherr stets ein wirksames Folterwerkzeug zur Hand. Doch Papa störte mich in meinen fantasievollen Betrachtungen, indem er meinte:

„Nun wollen wir einmal durchspielen, was die Hauptaufgabe unserer Abgeordneten hier im Bundestag ist, nämlich Gesetze zu beschließen", um mich dann zu fragen: „Also, welches Gesetz soll beschlossen werden?"

Ich mußte schon eine Weile nachdenken, bis mir einfiel: „Der Bundestag soll beschließen, daß ..."

„So geht das nicht", unterbrach er mich. „Gesetzesvorlagen sind schriftlich einzureichen", wobei er sein Notizbuch aus der Jackentasche holte, eine leere Seite herausriß und mir diese samt einem Bleistift zuschob. So schrieb ich denn auf das Blatt: ‚Die Schule wird abgeschafft!' Danach schob ich es ihm wieder zurück. Doch als er das las, runzelte er die Stirn und meinte:

„Ich glaube, ich muß Dir Deine Vorlage zurückgeben."

„Wieso?" protestierte ich.

„Das werden wir sogleich haben", schlug er gewichtig das Grundgesetz auf, um mir schon bald zu erklären:

„Aha! Hier heißt es unter den Grundrechten in Artikel 7: *‚Das gesamte Schulwesen steht unter der Aufsicht des Staates'*. Und damit verpflichtet uns das Grundgesetz indirekt zur Aufrechterhaltung der Schule. Unsere Bürger haben einen Anspruch darauf."

„Aber das will ich doch ändern", wandte ich ein.

„Um das Grundgesetz zu ändern, brauchst Du eine Zwei-Drittel-Mehrheit im Parlament", baffte er mich an, „und die bekommst Du mit Sicherheit nicht dafür. Außerdem gibt es hier noch den Artikel 19 Abs. 2, und in dem steht: *‚In keinem Falle darf ein Grundrecht in seinem Wesensgehalt angetastet werden'*. Das aber tust Du, wenn Du die Schule abschaffen willst", wonach er jetzt sogar einen Kugelschreiber aus der Tasche holte und damit meine Gesetzesvorlage kräftig durchstrich. Anschließend drehte er das Blatt um und schob es mir mit der Aufforderung zurück:

„Ich bitte um eine neue Vorlage."

So saß ich denn da und mußte mir erneut etwas einfallen lassen. Allerdings wollte ich nicht auf die Gelegenheit verzichten, meiner Schule eins auszuwischen. Und wenn diese schon nicht abzuschaffen war, dann sollte sie künftig wenigstens nicht auch noch nachmittags der Spielverderber sein. Also schrieb ich jetzt auf: ‚Alle Hausaufgaben werden verboten!' Danach schob ich Papa das Blatt wieder zu. Der aber war darüber ziemlich sauer und schimpfte:

„Und dann sollen sicherlich noch die Zeugnisnoten, womöglich sogar das Abitur abgeschafft werden. Als Folge kann dann jeder studieren, der will, so an die zwanzig Jahre lang, um dann lückenlos in den vorzeitigen Ruhestand zu gleiten. Nein, nein, da denkt man doch mit Wehmut an die Prügelstrafe im alten Kaiserreich zurück.", wonach er sich weiter erregte: „Es fehlt nur noch, daß Du für Dich ein Grundrecht auf Faulheit reklamierst, und zwar auf Kosten des Staates."

Das fand ich gar nicht so schlecht. Jedenfalls ließ ich mich dieses Mal von meiner Gesetzesvorlage nicht abbringen.

„Na gut", grummelte er schließlich. „Der Staat dürfte in der Tat das Recht haben, Hausaufgaben gesetzlich zu gebieten oder zu verbieten. Aber wir haben zunächst zu untersuchen, ob für Dein Begehren überhaupt der Bundestag oder etwa die Länderparlamente zuständig sind."

Und dann versuchte er, mir anhand der entsprechenden Artikel des Grundgesetzes die Aufteilung der Gesetzgebungsbefugnisse zu erläutern. Danach stand dieselbe grundsätzlich den Bundesländern zu, war der Bund lediglich für die im Grundgesetz ausdrücklich aufgezählten Angelegenheiten zuständig. Und noch komplizierter wurde es, als er mir anschließend den Unterschied zwischen *‚Ausschließlicher Gesetzgebung des Bundes'*, *‚Konkurrierender Gesetzgebung'* und den *‚Rahmenvorschriften'* erklärte. Danach aber begann er die Artikel 73, 74 und 75 unseres roten Büchleins dahingehend abzuchecken, welche Angelegenheiten nun konkret der Gesetzgebung des Bundes unterlagen. Das waren lange Aufzählungen, aber etwas von Schule oder Hausaufgaben stand nicht darin. So strich Papa denn auch diese meine zweite Gesetzesvorlage durch, riß erneut ein leeres Blatt aus seinem Notizbuch und schob es mir mit den Worten zu:

„Das ist Deine dritte und letzte Chance. Du kannst nicht von mir erwarten, daß mein ganzes Notizbuch für Deine grundgesetzwidrigen Eingaben draufgeht."

So mußte ich mir denn erneut etwas ausdenken, und wiederum wollte mir zunächst nichts einfallen. Papa wurde schon unruhig und schimpfte, ich solle mich beeilen, die Legislaturperiode sei bald abgelaufen. Da fiel mir ein, daß ich vorhin im Hofgarten für mehr Taschengeld demonstriert hatte. Das war es. Und so brachte ich noch vor Ablauf der Legislaturperiode meine dritte Gesetzesvorlage ein, nämlich: ‚Kinder haben Anspruch auf mehr Taschengeld!' Darüber war er natürlich nicht begeistert, weshalb er auch zu einer abermaligen Rücknahme riet. Doch dagegen wehrte ich mich nun entschieden.

„Na gut, wie Du willst", war schließlich sein Kommentar. „Wer nicht hören will, der muß fühlen."

Allerdings einigten wir uns noch darauf, daß die Vorlage heißen sollte: ‚Eltern haben ihren Kindern ein angemessenes Taschengeld zu entrichten!' Danach aber trat Papa in parlamentarische Aktion.

Zunächst jagte er mich in die hinterste Bankreihe. Dort befänden sich die Abgeordnetenplätze für Frischlinge wie mich. Für sich reklamierte er dagegen das Amt des Bundestagspräsidenten, weshalb er sich auch mit dem Grundgesetz unterm Arm zum Hochsitz begab. In dieser Loge hätte auch ich lieber gesessen als auf meinem engen Abgeordnetenplatz. Und da die Lautsprecheranlage anscheinend nicht funktionierte bzw. ausgeschaltet war, machte Papa zunächst eine Sprechprobe. Dazu fragte er mit lauter Stimme:

„Kann mich der Abgeordnete in der hintersten Bankreihe ausreichend verstehen?"

Ich tat daraufhin schwerhörig und zuckte nur mit den Achseln. Da schien ihm die Stimmbürde des Amtes doch zu groß zu sein. Jedenfalls beorderte er mich durch Handbewegung wieder nach vorn, und zwar in die dritte Reihe. Ich dachte, wie schnell man hier als schwerhöriger Abgeordneter doch Karriere machen kann. Er aber bremste meinen vermeintlichen Höhenflug sogleich wieder, indem er erklärte, er habe mir soeben lediglich den Namen Asche gegeben. Mit diesem Namen aber hätte ich unter den einfachen Abgeordneten Anspruch auf den jetzigen Platz, da deren Sitzordnung sich nach dem Alphabet richte. Immerhin war ich damit vom frischen zum einfachen Abgeordneten aufgestiegen. Anschließend fragte Papa noch, welcher Partei ich angehöre. Als ich wiederum mit den Schultern zuckte, meinte er:

„Wenn Du das selbst nicht weißt, gehörst Du keiner an; bist damit wahrscheinlich der einzige parteilose Abgeordnete hier im Saal. Meinetwegen kannst Du aber trotzdem dort sitzen bleiben."

Nun aber wurde es ernst. Papa läutete die vor ihm auf dem Präsidentenpult stehende Glocke und begann geschäftsmäßig:

„Hiermit eröffne ich die heutige Sitzung des Bundestages. Einziger Tagesordnungspunkt ist die Beschlußfassung über die vorliegende Gesetzesvorlage hinsichtlich einer Änderung bzw. Ergänzung des Bürgerlichen Gesetzbuches, die da heißt: ‚Eltern haben ihren Kindern ein angemessenes Taschengeld zu entrichten!' Zur Aussprache darüber bitte ich zunächst den parteilosen Abgeordneten Asche ans Rednerpult."

Das traf mich nun völlig unvorbereitet. In meiner Not fiel mir denn auch nichts Besseres ein, als einfach unter mein Pult wegzutauchen. Doch damit hatte ich nicht lange Erfolg, denn schon bald hörte ich vom Präsidentensitz:

„Ich hatte den Abgeordneten Asche nicht unter sein Sitzpult, sondern zum Rednerpult gebeten."

Da konnte ich mich denn nicht mehr länger verstecken, tauchte wieder hervor und trat, mir Mut machend, den Weg nach vorn an. Doch am Rednerpult angekommen, wußte ich nicht, was ich zu meiner Gesetzesvorlage sagen sollte. Und als ich dort nach einer Weile noch immer sprachlos stand, bekam ich bereits meine dritte Aufforderung, nämlich:

„Ich bitte den Abgeordneten Asche, lauter zu sprechen, damit er auch vom Präsidenten verstanden werden kann."

Da versuchte ich, meine ganze Konzentration zusammenzunehmen, um doch noch ein paar Sätze herauszustammeln, und die lauteten:

„Also - Kinder brauchen ein angemessenes Taschengeld. - Das ist doch klar. - Schließlich sind Kinder auch Menschen, und nach dem Grundgesetz ist die Würde des Menschen unverletzlich. - Außerdem hat vor allem ein Kind das Recht auf freie Entfaltung seiner Persönlichkeit. - Wie aber soll ein Kind groß und stark werden, wenn es zwischendurch nicht einmal eine Tüte Pommes mit Ketchup kaufen kann? - Und außerdem, was machen Eltern mit dem ganzen Kindergeld? - Also, Kinder brauchen ein angemessenes Taschengeld. Denn ohne Moos nichts los. - Das ist doch klar!"

Ich drehte mich zu Papa um, ob ich meine Sache gut gemacht hätte. Der aber saß dort mit gänzlich neutraler Miene und bedeutete mir, wieder Platz zu nehmen. Und als ich dann meinen alten Sitz wieder eingenommen hatte, verkündet seine Präsidentenstimme:

„Als nächster und letzter Redner spricht jetzt der Abgeordnete ... von der Partei der ..."

Ich konnte weder den Namen des Abgeordneten noch den der Partei verstehen. Vielleicht hatte Papa auch beide bewußt undeutlich ausgesprochen. Jedenfalls war ich überrascht, daß wir hier nicht allein sein sollten. Neugierig schaute ich daher umher, aus welchem Versteck bzw. unter welchem Pult her dieser Abgeordnete auftauchen würde. Doch statt dessen war es Papa, der plötzlich am Rednerpult stand, seinen Präsidentenstuhl verlassen hatte. Und der begann nun:

Plenarsaal des Bundestages

tei- bzw. fraktionslosen Abgeordneten, abgelehnt worden.“

Mir war völlig schleierhaft, wo alle diese Abgeordneten hier gesessen haben sollten. Doch ehe ich protestieren konnte, befand er noch schnell:

„Damit ist die Sitzung des Deutschen Bundestages geschlossen.“

Anschließend aber kam er fröhlich mit dem Grundgesetz unterm Arm von seinem Hochsitz zu mir herunter und höhnte:

„Na, was habe ich Ihnen vorhin prophezeit, Herr Abgeordneter Asche? Wer nicht hören will, der muß fühlen.“

So hatte ich denn meine erste parlamentarische Niederlage hinnehmen müssen. Dabei wurde mir klar, daß man als parteiloser Abgeordneter hier im Bundestag nichts ausrichten konnte. Daher stellte ich den Antrag, in eine der Parteien aufgenommen zu werden. Papa wies mir dieserhalb die Oppositionspartei zu, zumal ich auch in deren Block säße. Sodann verlangte ich für mich noch einen gefälligeren Namen. War man doch mit dem Namen Asche zu sehr dem Spott seines parlamentarischen Gegners ausgesetzt. Doch Papa schimpfte:

„Was sich so junge Abgeordnete doch alles anmaßen. Die wollen einen der vorderen Plätze im Plenum einnehmen und gleichzeitig einen vornehmen Namen führen. Meinetwegen kannst Du Dich ‚Asche van Ohren‘ nennen. Damit hast Du beides.“

Da ließ ich es doch lieber bei dem alten Namen bewenden. Allerdings überlegte ich nun, wie ich meine Abstimmungsniederlage wieder wettmachen konnte. Schließlich verfiel ich auf einen Trick, weshalb ich zu Papa sagte:

„Die Abstimmung ist ungültig und muß wiederholt werden."

„Wieso?"

„Weil das Präsidium während Deiner Rede nicht besetzt war, und das verstößt gegen die Geschäftsordnung."

„Woher willst Du das wissen?" war er ob meiner parlamentarischen Kenntnisse nicht wenig überrascht.

„Aus dem Fernsehen", erwiderte ich listig. „Und deswegen müssen wir die Sache unter meiner Amtsführung wiederholen", wobei ich mir das Grundgesetz griff, mich erhob und mit dem unterm Arm in Richtung Präsidentenloge marschierte.

„Unmöglich!" wollte Papa mich aufhalten. „Ein Bundestagspräsident, der noch nicht einmal richtig die Verfassung kennt."

„Nicht schlimmer als einer, der die Geschäftsordnung nicht kennt", hielt ich dagegen.

Das entwaffnete ihn vollends, weshalb auch für mich der Weg in dieses einflußreiche Amt frei war. Und in der Tat saß ich auf dem Präsidentenstuhl ein ganzes Stück bequemer. Doch mit solchen Bequemlichkeitsvergleichen durfte ich mich nicht lange aufhalten, sondern mußte meine neugewonnene Stellung sofort ausnutzen. Darum begann ich auch umgehend:

> *„Ich eröffne hiermit die neue Sitzung des Deutschen Bundestages. - Da keine Wortmeldungen vorhanden sind, beginnen wir sogleich mit der Abstimmung. - Ich bitte um das Handzeichen. - Wer ist für die Gesetzesvorlage? - Wer ist dagegen? - Wer enthält sich der Stimme?"*

Papa war über die Geschwindigkeit meiner Amtsführung derart verblüfft, daß er ähnlich wie ich vorhin zunächst vergaß, seinen Arm zu erheben. Und mit derselben Geschwindigkeit stellte ich auch das Ergebnis der Abstimmung fest:

„Die Gesetzesvorlage ist bei einer Enthaltung angenommen. Damit schließe ich die Sitzung.“

Anschließend stieg ich ganz locker von meinem Hochsitz herunter, knallte Papa das Grundgesetz vor die Füße und höhnte:

„Na, wie wär‘s mit mehr Asche in meiner Tasche? Ist ja jetzt Gesetz geworden.“

Ich kostete es genüßlich aus, wie er zunächst so stumm dasaß. Doch schließlich fand er seine Sprache zurück und warf mir vor:

„Wieso Gesetz? Hast Du schon vergessen, was zur Gültigkeit eines Gesetzes außerdem noch notwendig ist?“

Darüber mußte ich schon eine Weile nachdenken. Doch dann fiel mir von vorhin vor der Villa Hammerschmidt ein, daß Gesetze vom Bundespräsidenten unterschrieben und veröffentlicht werden müssen. Aber das konnte schnell nachgeholt werden. Hatte ich doch zum Glück meinen Rücktritt als Bundespräsident auf morgen verschoben gehabt. So nahm ich denn noch einmal die Gesetzesvorlage zur Hand, setzte meinen Namen unten auf das Papier und warf es anschließend zwecks Veröffentlichung in die Luft. Dann wandte ich mich wieder an Papa:

„Nun aber her mit der zusätzlichen Asche! Hast doch selbst gesagt, daß ich in einem Sack voller Asche gehen soll! Kannst mir davon auch noch einiges aufs Haupt streuen!“

Er aber schlug die Hände über dem Kopf zusammen und stöhnte:

„Oh armes Vaterland! Womit hast Du nur einen solchen Bundespräsidenten verdient. Sein Sündenregister wird immer länger. Nicht nur, daß er Gesetze anstatt im Bundesanzeiger in der Luft veröffentlicht, sondern auch Gesetze, die noch gar nicht zustande gekommen sind."

„Wieso?" protestierte ich.

„Weil dies erst die erste Lesung war."

„Das verstehe ich nicht", wurde ich schon etwas kleinlauter.

„Weil Du im Zug nicht das Grundgesetz gelesen hast", warf er mir erneut vor. „Denn dann wüßtest Du, daß es neben dem Bundestag noch das Verfassungsorgan Bundesrat gibt, die Vertretung der Länder. Und der kann gegen Deinen Taschengeld-Paragraphen Einspruch einlegen. Den kann der Bundestag allerdings in erneuter Lesung zurückweisen. Aber das dauert alles seine Zeit", schloß er seine lautstarken Belehrungen ab, „und ist heute mit Sicherheit nicht mehr zu schaffen."

Da wurde mir noch einmal recht begreiflich, wie kompliziert doch unser Gesetzgebungsverfahren war. Leider hatte ich jedoch auch zu begreifen, daß ich auf meine zusätzliche Asche noch eine Weile warten mußte.

Papa blätterte jetzt wieder in seinem Grundgesetz herum. Anscheinend suchte er nach weiterer parlamentarischer Arbeit. Schließlich hatte er sie gefunden, indem er meinte:

„Hier steht in Artikel 43: ‚*Der Bundestag und seine Ausschüsse können die Anwesenheit jedes Mitgliedes der Bundesregierung verlangen.*' Nehmen wir also an", schlug er das Grundgesetz wieder zu, „der Bundestag verlangt die Anwesenheit des Bundeskanzlers zwecks Aussprache über seine Regierungspolitik gegenüber den Fidschi-Inseln. Dabei werde ich den Bundeskanzler spielen. Den Bundestagspräsidenten lassen wir diesmal weg."

„Und ich?" protestierte ich halbwegs.

„Du bist doch soeben noch der Oppositionspartei beigetreten. Aber meinetwegen kannst Du zu deren Fraktionsführer aufsteigen."

Damit war ich einverstanden. Hatte ich doch nun einen weiteren Karrieresprung getan. Außerdem stand mir jetzt ein Sitz in der ersten Bankreihe zu. Und während ich erhobenen Hauptes meinen Platzwechsel vornahm, begab sich Papa nicht weniger stolz und mit dem Grundgesetz unterm Arm zum Kanzlersitz. Auf dem genoß er sichtlich seine herausragende Stellung, machte sich eine Weile Notizen, um dann mit gewichtigem Schritt ans Rednerpult zu treten. Dort schaute er zunächst mit strenger Miene zur Pressetribüne hoch, wonach er begann:

„Meine Damen und Herren!
Im Zusammenhang mit der Aussprache über die derzeitige Politik der Bundesregierung gegenüber den Fidschi-Inseln erlaube ich mir, nachfolgende Regierungserklärung abzugeben: Anläßlich des letzten Staatsbesuches von König Tongo von den Fidschi-Inseln haben diese und die Bundesregierung untereinander Absichtserklärungen ausgetauscht. Danach wird die Bundesrepublik den Fidschi-Inseln technische Ausrüstungen liefern, insbesondere im maritimen Bereich. Im Gegenzug werden die Fidschi-Inseln bei der Vergabe ihrer Fischereirechte die Bundesrepu-

blik entsprechend berücksichtigen. Damit dürfte einerseits deutsche Technik wieder im Südpazifik vertreten sein, andererseits aber auch die immer schwieriger werdende Fischversorgung für uns deutsche Bürger auf geraume Zeit gesichert sein.“

Danach schritt Papa ein weiteres Mal zur ersten Sitzreihe, führte erneut das Ritual des Händeklatschens und des Pultdeckelklapperns vor und meinte anschließend zu mir:

„Die Sitzung wird für einen Imbiß in der Kantine unterbrochen. Nach der Pause beginnt dann die Aussprache über die Regierungserklärung des Kanzlers.“

Selbstverständlich wollte ich mit in die Kantine. Doch er fauchte mich an:

„Du hast hier zu bleiben und Dich auf Deine Rede als Oppositionsführer vorzubereiten.“

Das fand ich schon sehr unfair. Daher war ich auch nicht wenig schadenfroh, als Papa feststellen mußte, daß die Kantine geschlossen hatte. Auch der Koch hatte heute am Vatertag seinen Löffel aus der Hand gelegt und war ins Grüne gefahren. Daraufhin stelzte Papa zurück auf die Regierungsbank, holte einen Keks aus seiner Jackentasche und begann daran genüßlich zu knabbern. Ich aber hätte mich lieber als einfacher Abgeordneter wieder in eine der hintersten Bankreihen verkrochen, anstatt hier als Oppositionsführer eine Rede halten zu müssen. Und ähnlich wie vorhin wollte mir auch jetzt zunächst nichts Passendes einfallen. Doch dann ging mir plötzlich dieser Zungenbrecher mit den frischen Fischen von Fischers Fritz durch

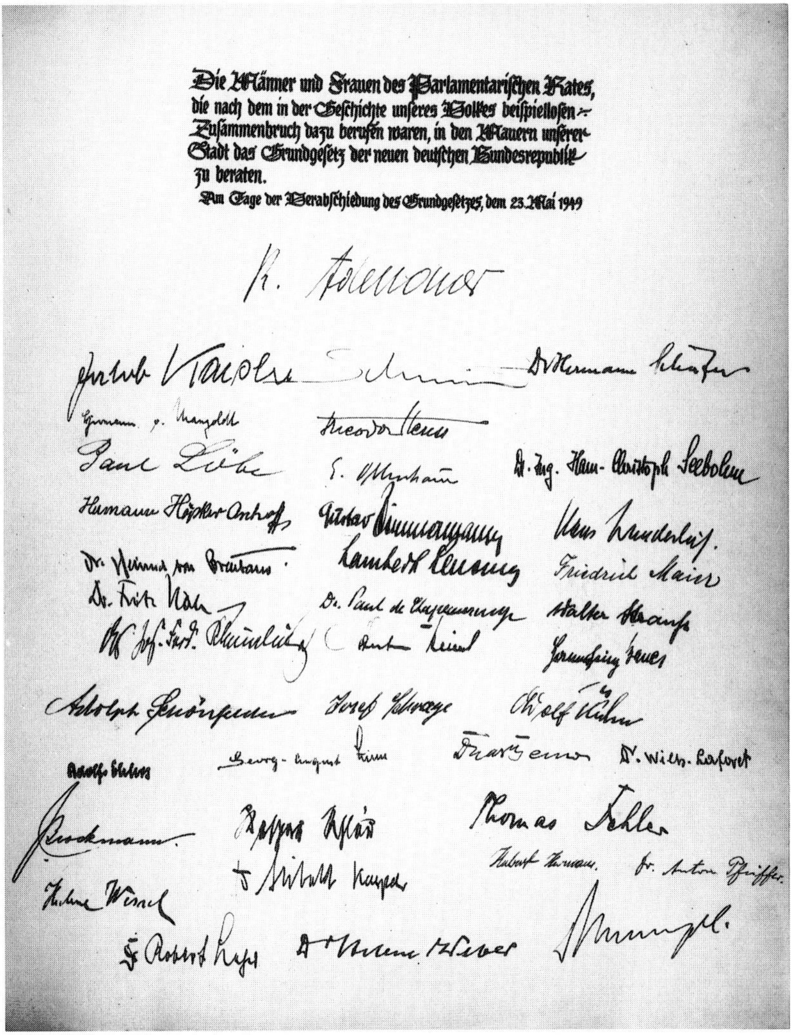
Die Männer und Frauen des Parlamentarischen Rates,
die nach dem in der Geschichte unseres Volkes beispiellosen Zusammenbruch dazu berufen waren, in den Mauern unserer Stadt das Grundgesetz der neuen deutschen Bundesrepublik zu beraten.

Am Tage der Verabschiedung des Grundgesetzes, dem 23. Mai 1949

Eintragung in das Goldene Buch der Stadt Bonn am Tage der Verabschiedung des Grundgesetzes der Bundesrepublik Deutschland am 23. Mai 1949

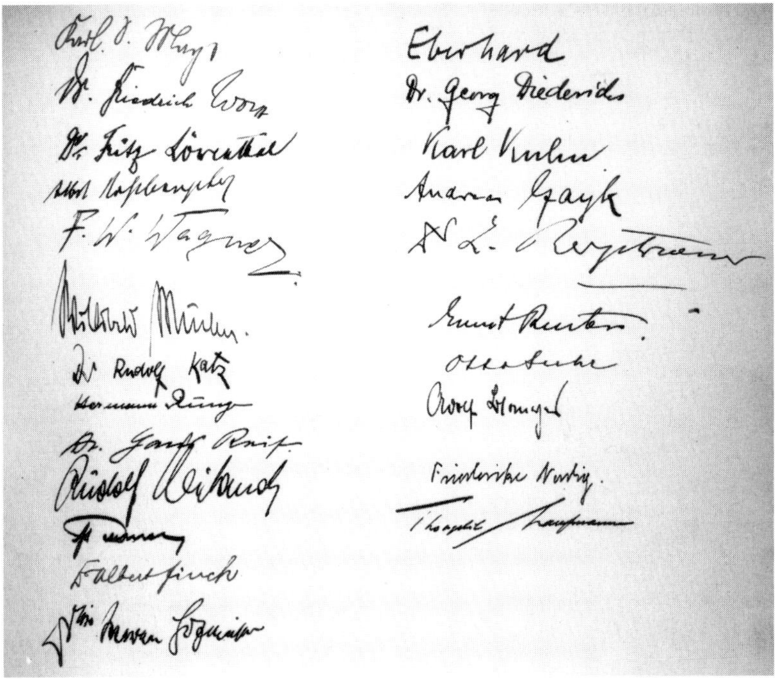

Dr. Konrad Adenauer; Hansheinz Bauer; Dr. Max Becker; Dr. Heinrich von Brentano; Johannes Brockmann; Dr. Paul de Chapeaurouge; Dr. Thomas Dehler; Adolf Ehlers; Hubert Hermans; Prof. Dr. Theodor Heuss; Anton Hilbert; Dr. Fritz Hoch; Dr. Dr. Hermann Höpker-Aschoff; Jakob Kaiser; Dr. Ferdinand Kleindienst; Adolf Kühn; Dr. Wilhelm Laforet; Dr. Dr. h.c. Robert Lehr; Lambert Lensing; Paul Löbe; Friedrich Maier; Prof. Dr. Hermann von Mangoldt; Dr. Walter Menzel; Erich Ollenhauer; Dr. Anton Pfeiffer; Dr. Hermann Schäfer; Kaspar Schlör; Prof. Dr. Carlo Schmidt; Adolf Schönfelder; Josef Schrage; Dr. Ing. Hans-Christoph Seebohm; Dr. Kaspar Seibold, Dr. Walter Strauß; Dr. h.c. Helene Weber; Helene Wessel; Hans Wunderlich; Gustav Zimmermann; Dr. Georg August Zinn; Prof. Dr. Ludwig Bergsträsser; Adolf Blomeyer; Dr. Georg Diederichs; Prof. Dr. Fritz Eberhard; Dr. Albert Finck; Andreas Gayk; Rudolf Heiland; Dr. Werner Hofmeister; Dr. Rudolf Katz; Theophil Kaufmann; Karl Kuhn; Ernst Reuter; Heinrich Rönneburg; Albert Rosshaupter; Hermann Runge; Dr. Otto Suhr; Friedrich-Wilhelm Wagner; Dr. Friedrich Wolff

den Kopf. Damit aber hatte ich den richtigen Ansatzpunkt für eine angemessene Oppositionsrede gefunden.

Nachdem Papa seinen Keks aufgeknabbert hatte, bedeutete er mir von seinem Kanzlersitz aus, daß die Pause zu Ende sei. So machte ich mich denn ein zweites Mal auf zum Rednerpult, dieses Mal aber nicht als einfacher, parteiloser Abgeordneter, sondern als Fraktionsvorsitzender der Oppositionspartei. Oben angekommen, begann ich daher auch mit einem selbstbewußten:

„Meine Damen und Herren!"

Doch weiter kam ich zunächst nicht. Papa saß da nämlich auf der Regierungsbank und blätterte gelangweilt in seinem Notizbuch herum, anstatt mir jetzt pflichtgemäß und aufmerksam zuzuhören. Ich wandte mich daher demonstrativ ihm zu und schaute ihn strafend an. Doch ebenso demonstrativ drehte er sich jetzt zur anderen Seite herum und tuschelte dort mit seinem Nebenmann, dem Vizekanzler. Offenbar wollte er damit mir, der Opposition, den Schneid abkaufen. Daraufhin versuchte ich unbeirrt fortzufahren:

„Die Opposition meint, daß wir wegen frischen Fisches Fischers Fritz nicht zu den Fidschi-Inseln zu schicken brauchen. Wir sind nämlich der Meinung, daß Fischers Fritz bei uns zuhause noch genügend frischen Fisch fängt."

Da wandte sich Papa zwar von seinem Vizekanzler ab, fing jedoch lauthals an zu lachen. Verzweifelt schaute ich ob dieser neuerlichen Provokation hinter mir zum Präsidentensitz hoch. Doch der war leider nicht besetzt und der grimmige Adler ließ sich Befehle anscheinend nur von einem amtierenden Präsidenten erteilen. So konnte ich Papa denn auch nicht mit einem Rundflug im Saal abstrafen. Aber vielleicht würde ihm das Lachen bei meinen folgenden Sätzen vergehen, die da lauteten:

„Denn wissen Sie, was passiert, wenn der im Südpazifik gefangene Fisch endlich bei uns angelandet ist?
Der stinkt und vergiftet die Bürger unseres Landes.
Ich danke Ihnen, meine Damen und Herren!"

Um mir den Beifall nicht nehmen zu lassen, eilte ich sofort zu meinem Abgeordnetensitz zurück, wo auch ich jetzt heftig klatschte und kräftig mit dem Pultdeckel klapperte. Und dieser Jubel tat anscheinend ein weiteres, um Papa so recht in Rage zu bringen. Jedenfalls schlug er mit hochrotem Kopf das Grundgesetz auf, blätterte hastig darin herum, machte sich nervös ein paar Notizen und stürmte dann wutentbrannt zum Rednerpult, wo er unverzüglich begann:

„Meine Damen und Herren!
Wer der Bundesregierung vorwirft, daß ihre vorausschauende globale Fischereipolitik nur zu stinkendem Fisch und damit zur Vergiftung unserer Bürger führt, der hat den technischen Fortschritt verschlafen, anscheinend noch nichts von Kühlschiffen und gekühlter Luftfracht gehört. Woher soll denn der frische Fisch kommen, wo doch unsere Flüsse fast ohne Leben, Nord- und Ostsee bald leergefischt sind? Und was ist, wenn Island seine hoheitlichen Fischereigren-

„Ist das eine Burg?" zeigte ich in die Richtung.

„Oh ja, das ist die Godesburg. Ist heute allerdings im wesentlichen Ruine."

„Kannst Du mir ihre Geschichte erzählen?" tat ich interessiert.

Da legte er tatsächlich sein Grundgesetz zur Seite und begann:

„Ich glaube, die hat sich so abgespielt. Die Erzbischöfe von Köln waren es, die die Godesburg errichtet und später immer wieder erweitert haben. Insbesondere baute daran Konrad von Hochstaden, der auch eine Mauer um Bonn hochziehen ließ und Mitte des 13. Jahrhunderts mit dem Bau des Kölner Doms begann. Fortan war die Godesburg eine der Hauptresidenzen der Kölner Erzbischöfe und Landesherren, wo sie sich mit am sichersten fühlten. Doch etwa gegen Ende des 16. Jahrhunderts entschloß sich der damalige Erzbischof Gebhard Truchseß von Waldburg, eine Gräfin zu heiraten und zum protestantischen Glauben überzutreten. Da belegte der Papst ihn mit seinem Bann und wählte das Domkapitel den Herzog Ernst von Bayern aus dem Hause Wittelsbach zum neuen Kölner Erzbischof. Der alte wollte aber nicht weichen, so daß es zwischen beiden zum sogenannten Truchseßschen Krieg kam. Dabei eilte dem neuen Erzbischof sein Bruder, Herzog Ferdinand von Bayern, mit seinem bayrischen Heer zu Hilfe. Truchseß verschanzte sich hier auf seiner Godesburg und wurde dort wochenlang ergebnislos belagert. Da gruben die Belagerer einen Stollen unter die Burg, schleppten riesige Pulversäcke hinein und sprengten die Burg samt ihrem Erzbischof in die Luft. Seitdem ist sie Ruine."

neuerlichen Provokation hinter mir zum Präsidentensitz hoch. Doch der war leider nicht besetzt und der grimmige Adler ließ sich Befehle anscheinend nur von einem amtierenden Präsidenten erteilen. So konnte ich Papa denn auch nicht mit einem Rundflug im Saal abstrafen. Aber vielleicht würde ihm das Lachen bei meinen folgenden Sätzen vergehen, die da lauteten:

„Denn wissen Sie, was passiert, wenn der im Südpazifik gefangene Fisch endlich bei uns angelandet ist? Der stinkt und vergiftet die Bürger unseres Landes. Ich danke Ihnen, meine Damen und Herren!"

Um mir den Beifall nicht nehmen zu lassen, eilte ich sofort zu meinem Abgeordnetensitz zurück, wo auch ich jetzt heftig klatschte und kräftig mit dem Pultdeckel klapperte. Und dieser Jubel tat anscheinend ein weiteres, um Papa so recht in Rage zu bringen. Jedenfalls schlug er mit hochrotem Kopf das Grundgesetz auf, blätterte hastig darin herum, machte sich nervös ein paar Notizen und stürmte dann wutentbrannt zum Rednerpult, wo er unverzüglich begann:

„Meine Damen und Herren!

Wer der Bundesregierung vorwirft, daß ihre vorausschauende globale Fischereipolitik nur zu stinkendem Fisch und damit zur Vergiftung unserer Bürger führt, der hat den technischen Fortschritt verschlafen, anscheinend noch nichts von Kühlschiffen und gekühlter Luftfracht gehört. Woher soll denn der frische Fisch kommen, wo doch unsere Flüsse fast ohne Leben, Nord- und Ostsee bald leergefischt sind? Und was ist, wenn Island seine hoheitlichen Fischereigren-

zen demnächst auf 200 Seemeilen ausgedehnt haben wird? Dann sind Fischers Fritzen arbeitslos, und unsere Bürger können selbst am Freitag keinen frischen Fisch mehr essen. Darum garantiert unsere Politik sichere Arbeitsplätze für Fischers Fritz und Zufriedenheit bei den fischverzehrenden Bürgern unseres Landes. Dafür aber bitte ich das Hohe Haus, dem Bundeskanzler das Vertrauen gemäß Artikel 68 Abs. 1 der Verfassung auszusprechen."

Anschließend folgte von ihm wieder das übliche Jubelritual. Danach setzte er sich jedoch ganz entspannt zu mir, zog einen weiteren Keks aus der Tasche, schlug ruhig das mitgebrachte Grundgesetz auf und sagte:

„Eigentlich gilt jetzt Artikel 68 Abs. 2, nämlich: *‚Zwischen dem Antrage und der Abstimmung müssen achtundvierzig Stunden liegen.‘* Doch so lange können wir hier nicht warten. Beeile Dich daher mit der Ausarbeitung Deiner Gegenrede."

„Und wie lange habe ich dafür Zeit?" fragte ich spitz.

„Eine Keksmahlzeit lang", höhnte er zurück.

Nun wollte ich jedoch nicht ein drittes Mal hier im Parlament auftreten, um dann neuerlich zur Schnecke gemacht zu werden. Daher entschloß ich mich, vom Fraktionsvorsitz zurückzutreten und zur Regierungspartei überzuwechseln. Da flippte Papa fast aus und tobte:

„So kannst Du als gewählter Volksvertreter mit Deinem Mandat nicht umgehen."

Ich allerdings berief mich darauf, als Abgeordneter nur meinem Gewissen unterworfen zu sein. Außerdem wollte ich auch einmal den Bundeskanzler spielen, und darauf hätte ich doch bei der Oppositionspartei keine Aussicht. Dagegen wehrte sich Papa allerdings entschieden. Zum Bundeskanzler wäre ich politisch noch nicht reif und erfahren genug. Im übrigen wäre harte und ausdauernde Arbeit als Oppositionsführer die beste Voraussetzung, um es später auch einmal zum Bundeskanzler zu bringen. So lange wollte ich jedoch nicht warten, weshalb ich auf meinen Entschluß beharrte. Da lenkte er schließlich ein:

„Gut, dann spiele ich jetzt den Oppositionsführer und Du darfst während meiner Rede auf der Regierungsbank Platz nehmen, jedoch keinen Augenblick länger. Das ist nämlich dem deutschen Volk nicht zuzumuten. Und sobald ich mit meiner Rede geendet habe, gehst Du sofort wieder auf Deinen Platz zurück, und ich bin wieder Bundeskanzler."

Damit war ich einverstanden. Hatte ich es doch nun vom frischen bzw. einfachen Abgeordneten über den Fraktionsvorsitzenden der Oppositionspartei zum Bundeskanzler gebracht, und das alles innerhalb einer Legislaturperiode. Stolz nahm ich denn auch auf der Regierungsbank Platz. So wie er bislang genoß auch ich nun den erhöhten Eckplatz, allerdings war der doch arg keksverkrümelt. Dabei überlegte ich zwischenzeitlich, wie ich seine Rede zu stören vermochte. Dazu fielen mir unter anderem ein: lautes Gähnen, Strichmännchen malen oder mit meinem Vizekanzler Karten spielen. Andererseits war ich nicht wenig auf seine Rede gespannt. Mußte er doch jetzt als Oppositionsführer das wieder verteufeln, wofür er sich noch soeben als

Bundeskanzler eingesetzt hatte. Und diese politische Wende führte er derart verblüffend und gekonnt aus, daß ich darüber mein ganzes parlamentarisches Störpotential vergaß. Am Rednerpult angekommen, sagte er nämlich:

„Meine Damen und Herren!
Der Herr Bundeskanzler sollte lieber dafür sorgen, daß unsere heimischen Gewässer wieder fischig werden, anstatt Fischers Fritz in den Südpazifik zum Herumprügeln mit der dortigen Bevölkerung zu jagen. Es dürfte sich doch inzwischen herumgesprochen haben, daß König Tongo seine vielen Inseln kaum noch zusammenhalten kann, insbesondere die Eingeborenen von Tongo-Tonga sich kürzlich gegen ihn erhoben haben. Oder sind etwa die Fischerboote, die die Bundesregierung in den Süd-Pazifik schicken will, nur getarnte Kriegsschiffe? Und möglicherweise handelt es sich bei den König Tongo versprochenen maritimen Ausrüstungsgegenständen noch um die dazu passenden Kanonen. Deshalb ist auch Ihre Politik, Herr Bundeskanzler, nicht eine von friedliebenden frischen Fischen, sondern die von kriegerisch stinkenden Seeungeheuern. Für ein solch abenteuerliches und geschmackloses Handeln aber kann Ihnen die Opposition das von Ihnen geforderte parlamentarische Vertrauen nicht aussprechen.
Ich danke Ihnen für Ihre Aufmerksamkeit, meine Damen und Herren!“

Es war für mich schon verblüffend, welch gegensätzliche Argumente man ins Feld führen konnte, je nachdem ob man momentan dem Regierungslager oder der Opposition angehörte. Vielleicht aber machte das den politischen Vollprofi aus. Wütend war ich natürlich auf König Tongo. Hatte mir dieses Schlitzohr doch heute morgen eine nur aufrührerische und damit wertlose Insel geschenkt. Und so spürte ich denn auch plötzlich in mir die moralische Verpflichtung, mein Geschenk an die Staatskasse abzuliefern. Doch dann fand ich es klüger, nicht vorschnell zu handeln und zunächst noch die weitere Entwicklung auf Tongo-Tonga abzuwarten.

Leider mußte ich allerdings nun meinen Kanzlersitz wieder räumen. Doch als ich auf meinen alten Platz zurückgekehrt war, wußte ich nicht, wie ich jetzt als ein nur seinem Gewissen verantwortlicher Abgeordneter abzustimmen hatte. Die ganzen widersprüchlichen Reden und Aussprachen hatten mich nicht wenig verwirrt. Ich wußte im Augenblick nicht so recht, ob Fischers Fritz seinen Fisch noch daheim oder bereits im Süd-Pazifik fing, ob derselbe friedliebend oder kriegerisch war, ob er noch frisch roch oder bereits am Stinken war. Außerdem, als was saß ich eigentlich hier im Bundestag? War ich noch der einfache und parteilose Abgeordnete Asche oder der mächtige Fraktionsvorsitzende der Opposition oder sogar der herausragende Kanzler? Gehörte ich der Regierungs- oder der Oppositionspartei an? Oder war ich etwa noch Bundespräsident aller Deutschen? Und als ich noch derart durch die politische Landschaft irrte, stand plötzlich Papa neben mir und sagte:

„Die Abstimmung ist gelaufen. Dem Bundeskanzler ist mehrheitlich das Vertrauen ausgesprochen worden."

„Wieso?“ erstaunte mich das schon sehr. „Ich habe mich doch noch gar nicht entschieden, bin doch noch bei meiner Gewissenserforschung.“

„Was heißt hier Gewissenserforschung“, lachte er daraufhin schallend. „Du gehörst der Oppositionspartei an und hast selbstverständlich gegen den Antrag gestimmt. Oder willst Du etwa neue Sitten hier im Bundestag einführen?“

„Und die Abgeordneten des Regierungslagers haben sich einheitlich für den Antrag ausgesprochen?“

„Bis auf einen. Der fühlte sich vermutlich bei meiner letzten Regierungsbildung übergangen.“

„Und wenn dem Bundeskanzler nicht das Vertrauen ausgesprochen worden wäre?“ wollte ich noch wissen.

„Dann könnte der Bundeskanzler zurücktreten oder den Bundespräsidenten bitten, den Bundestag aufzulösen. Er könnte aber auch so tun, als sei nichts geschehen. Du weißt doch bereits, einen deutschen Kanzler absetzen kann man nur bei gleichzeitiger Wahl eines neuen deutschen Kanzlers.“

Ich fühlte mich im Bundestag inzwischen schon als alter Hase. Allerdings meinte Papa, dazu fehlten mir noch ein paar parlamentarische Haken. In diesem Moment aber tauchte überraschend ein drittes Wesen in unserer Runde auf. Es war nicht ein Abgeordneter, wie ich ihn vorhin unter einem der Pulte versteckt wähnte. Es war vielmehr schlicht und einfach eine Maus. Ich sah sie als erster, wie sie sich über den keksverkrümelten Sitz des Bundeskanzlers hermachte. Eine Unverschämtheit von dieser Bundestagsmaus, so dachten wir beide zunächst. Doch dann bekamen wir Mitleid mit ihr. Vielleicht hatte sie das

Unglück getroffen, hier am Vatertag versehentlich eingesperrt worden zu sein. Und jetzt fraß sie aus lauter Hunger sogar vor unseren Augen und selbst auf die Gefahr hin, daß wir sie anschließend jagen würden.

So machten wir denn auch Pläne, sie nach draußen hin zu befreien. Vielleicht hatte sie aber auch irgendwo hier im Plenarsaal in einer Nische ihr Versteck, und es war ihre Lebensaufgabe geworden, auf und unter den Abgeordnetensitzen und der Regierungsbank Knabberreste zu beseitigen. So sahen wir denn endgültig davon ab, die Maus zu jagen, auch nicht ins Freie. Ich konnte sogar Papa dazu überreden, ihr seine letzten beiden Kekse zu opfern. Einen der beiden legte ich sogar auf den Präsidenten-Hochsitz. Damit konnte die Parlamentsmaus sich nun doch noch eines glücklichen Vatertags erfreuen.

IM NAMEN DER

BUNDESREPUBLIK DEUTSCHLAND

ERNENNE ICH

AUF GRUND DES ARTIKELS 63 DES GRUNDGESETZES FÜR DIE BUNDESREPUBLIK DEUTSCHLAND
VOM [illegible] MAI 1949

HERRN

DR. H. C. KONRAD ADENAUER

ZUM BUNDESKANZLER

BONN, DEN 15. SEPTEMBER 1949

DER PRÄSIDENT
DER BUNDESREPUBLIK DEUTSCHLAND

Der Regierungssitz Bonn

Damit der alte Fuchs in seinem Bau im Siebengebirge bleiben konnte

Wir gingen schnellen Schritts denselben Weg durchs Bundeshaus zurück, den wir gekommen waren. Papa hatte nämlich auf die Uhr geschaut und festgestellt, daß in etwa zehn Minuten unser Schiff nach Königswinter unterhalb des Langen Eugen abfahren würde. Und das wollte ich unter keinen Umständen verpassen. Zum Glück kam uns auch jetzt in der Lobby und im Garderobengang niemand entgegen. Die Tür nach draußen war ebenfalls noch unverschlossen. Im Gebüsch vorm Wasserwerk aber streunte eine Katze herum. Wie gut, daß wir unsere Maus nicht ins Freie gejagt hatten.

Der Lange Eugen imponierte mir aufs neue ob seiner Größe. Unten hatten sicherlich die frischen und einfachen Abgeordneten, ganz oben die alten Parlamentshasen ihr Büro. Ich beneidete letztere wegen ihres Aus- und Rundblicks, wenngleich der durch den verfassungsrechtlichen Zwang zur dauernden Gewissenserforschung belastet war. Aber eigentlich galt das in der Praxis nur für nicht im Schoß der Partei ruhende Abgeordnete. Den anderen wurde das doch abgenommen.

Die Godesburg

So kamen wir gerade noch rechtzeitig zur Anlegestelle, denn mit uns legte auch schon das Ausflugsschiff an. Endlich konnte ich, wenn auch mit knurrendem Magen, das Grundgesetz vergessen und den zweiten Teil unseres Vatertagsausflugs beginnen. Das Schiff selbst war etwa zur Hälfte besetzt, und wir fuhren stromaufwärts auf dieser Seite. Am Ufer zogen sich die Rheinauen hin, und auf der anderen Stromseite baute sich schräg vor uns immer mehr das Siebengebirge auf. Insbesondere war es der Petersberg, von dessen Kuppe her eine weit sichtbare Nobelherberge grüßte. Im übrigen aber genoß ich die Sonne und den Fahrtwind an Deck und beobachtete die an uns vorbeifahrenden Schiffe und Boote.

Derweil saß Papa still neben mir und blätterte in seinem Grundgesetz herum. Er war wohl der einzige hier auf dem Schiff, der sich mit so etwas beschäftigte. Und so dauerte es auch nicht allzu lange, bis er mich damit erneut behelligte.

„In unserem Grundgesetz gibt es noch einen wichtigen Abschnitt, über den wir noch nicht gesprochen haben, nämlich die Rechtsprechung."

„Wir sind jetzt auf der mir versprochenen Schiffsfahrt", protestierte ich.

„Aber ich habe Dir nicht versprochen, daß wir dabei nicht weiter das Grundgesetz durchgehen", bekam ich zur Antwort.

„Du hast mir diesen Ausflug nach getaner Arbeit versprochen", hielt ich weiter dagegen.

„Richtig. Aber die Arbeit ist ohne die Rechtsprechung noch nicht getan", rüffelte er mich. Da wußte ich, jetzt konnte nur noch ein Trick helfen, und der kam mir dann wie gerufen in Form eines runden Turmes auf einer kleinen Anhöhe.

„Ist das eine Burg?“ zeigte ich in die Richtung.

„Oh ja, das ist die Godesburg. Ist heute allerdings im wesentlichen Ruine.“

„Kannst Du mir ihre Geschichte erzählen?“ tat ich interessiert.

Da legte er tatsächlich sein Grundgesetz zur Seite und begann:

„Ich glaube, die hat sich so abgespielt. Die Erzbischöfe von Köln waren es, die die Godesburg errichtet und später immer wieder erweitert haben. Insbesondere baute daran Konrad von Hochstaden, der auch eine Mauer um Bonn hochziehen ließ und Mitte des 13. Jahrhunderts mit dem Bau des Kölner Doms begann. Fortan war die Godesburg eine der Hauptresidenzen der Kölner Erzbischöfe und Landesherren, wo sie sich mit am sichersten fühlten. Doch etwa gegen Ende des 16. Jahrhunderts entschloß sich der damalige Erzbischof Gebhard Truchseß von Waldburg, eine Gräfin zu heiraten und zum protestantischen Glauben überzutreten. Da belegte der Papst ihn mit seinem Bann und wählte das Domkapitel den Herzog Ernst von Bayern aus dem Hause Wittelsbach zum neuen Kölner Erzbischof. Der alte wollte aber nicht weichen, so daß es zwischen beiden zum sogenannten Truchseßschen Krieg kam. Dabei eilte dem neuen Erzbischof sein Bruder, Herzog Ferdinand von Bayern, mit seinem bayrischen Heer zu Hilfe. Truchseß verschanzte sich hier auf seiner Godesburg und wurde dort wochenlang ergebnislos belagert. Da gruben die Belagerer einen Stollen unter die Burg, schleppten riesige Pulversäcke hinein und sprengten die Burg samt ihrem Erzbischof in die Luft. Seitdem ist sie Ruine.“

„Und nur der Turm ist übrig geblieben?“

„Ungefähr so könnte es gewesen sein. Vor mehreren Jahren hat man jedoch in die Ruine ein Restaurant samt Herberge eingebaut.“

Das war schon eine spannende Geschichte, die Papa mir da aufgetischt hatte, und um ihm keine Zeit für seine Rechtsprechung zu lassen, schloß ich die Frage an:

„Und wie ging es weiter mit den neuen Kölner Erzbischöfen?“

„Die wurden fortan von den Bayern gestellt, kamen also aus dem Hause Wittelsbach. Und die begannen fortan im Rheinland eine rege Bautätigkeit. Das Residenzschloß und das Poppelsdorfer Schloß hast Du bereits heute morgen gesehen. Schloß Brühl und Schloß Falkenlust zwischen Bonn und Köln gehören auch dazu. Doch dann kamen die Franzosen und Napoleon mit seinen Eroberungsfeldzügen. Der Kölner Erzbischof wurden abgesetzt und alles Land links des Rheins französische Provinz. Doch dann konnte Napoleon in den Freiheitskriegen geschlagen werden, und die Rheinlande waren fortan preußische Provinz, die Eifel dabei das neue preußische Sibirien. Ins letztere wurden in Berlin unangenehm auffallende Beamte strafversetzt, welche sich dort denn auch hin und wieder vor Gram oder Langeweile erschossen.“

„Und was haben die Rheinländer dazu gesagt?“

„Die wurden nicht gefragt. Um aber die Bürger in Bonn und Köln zu besänftigen, eröffneten die Preußen wieder die Universität von Bonn. Und in Köln förderten sie die Wiederaufnahme des Dombaus.“

„Und die Wittelsbacher konnten nicht mehr ihre Erzbischöfe einsetzen?“

„Richtig. Und am liebsten hätten sie die hier gebauten Schlösser heim nach Bayern geholt. Und weil das nicht ging, bauten sich ihre neuen Könige, vor allem die Ludwigs, viele neue Schlösser in und um München. Aber die damals bereits weltberühmte Gemäldesammlung in Düsseldorf, die ist schon anfangs der seinerzeitigen Wirren nach Bayern verschleppt worden, womit der Grundstock für die dortige Pinakothek gelegt wurde. So entwickelte sich München anstatt Düsseldorf zu Deutschlands bedeutendster Kunstmetropole. Und dann wurden 1871 nach dem gewonnenen deutsch-französichen Krieg das erste Deutsche Reich der neueren Geschichte gegründet und Preußens Könige, die Hohenzollern, deutsche Kaiser. Als aber 1918 der Erste Weltkrieg verlorenging, floh der Kaiser nach Holland bzw. ging dort ins Exil, und aus dem deutschen Kaiserreich wurde die Weimarer Republik. Daraus ging der nationalsozialistische deutsche Staat hervor. Und als der 1945 den Zweiten Weltkrieg verlor, teilten ihn die Siegermächte zunächst in Besatzungszonen auf. Aus dem von den Sowjets besetzten östlichen Teil Deutschlands wurde später die ‚Deutsche Demokratische Republik‘, aus den von den Amerikanern, Engländern und Franzosen besetzten westlichen Teilen unsere ‚Bundesrepublik Deutschland‘ mit dem Regierungssitz Bonn und dem Grundgesetz als Verfassung. Und damit habe ich Dir“, beendete er seine Auslassungen, „einen geschichtsträchtigen Bogen von der alten Godesburg bis hin zum heutigen Grundgesetz geschlagen.“

Mir wollte jetzt kein neues Ablenkungmanöver mehr einfallen. Aber meine dahinter stehende Sorge hatte sich inzwischen erledigt. Unser Schiff kreuzte nämlich bereits den Strom und lief Königswinter an. Viele Fahrgäste machten sich schon zum Aussteigen bereit, und da mochte auch Papa nicht mehr mit seiner Rechtsprechung beginnen.

Als wir in Königswinter an Land gingen, hatte ich fast den Eindruck, wir wären auf einer Kirmes. Es gab eine Unmenge von Leuten, die hier umhergingen, und alle Lokale waren voll besetzt. Anscheinend bestand die Rheinpromenade nur aus Restaurants und Hotels. Ganze Männervereine schlenderten mit Spazierstöcken und bunten Hüten am Ufer entlang, und manche zogen sogar einen Karren mit einem Bierfäßchen hinter sich her. Es fehlte nur noch, daß sie vor demselben einen geschmückten und störrischen Esel gespannt hätten.

Natürlich waren wir wieder mal die einzigen, die hier mit dem Grundgesetz unterm Arm herumliefen. Aber kaum jemand nahm davon besonders Notiz. Vielleicht kannten es viele sogar nicht. Jedenfalls machte Papa mir wegen des Gedränges den Vorschlag, erst auf dem Drachenfels zu Mittag zu essen. Dem stimmte ich ob meines knurrenden Magens nur widerwillig zu. Doch als er dann noch meinte, wir sollten den Weg hinauf zu Fuß machen, protestierte ich heftigst, zumal es inzwischen bereits unangenehm heiß geworden war.

„Du hast vorhin Deine Kekse gegessen, und ich soll bei dieser Hitze mit leerem Magen den Berg hochlaufen. Ich breche bald zusammen."

„Eigene Schuld“, wandte er ein. „Warum hast Du auch die beiden Kekse an die Bundestagsmaus verfüttert.“

„Aber Du hast mir die Fahrt zum Drachenfels versprochen“, fiel es mir ein.

„Ich habe Dir lediglich versprochen, daß wir den Drachenfels besteigen. Und besteigen heißt nicht unbedingt fahren.“

Schließlich einigten wir uns auf einen annehmbaren Kompromiß, nämlich mit der Zahnradbahn hoch zu fahren, dafür aber herunterzulaufen.

Der Weg zur Zahnradbahn führte zunächst durch eine Art Fußgängerzone, wobei bald auf der einen Seite das Rathaus und dann auf der anderen Seite eine Kirche standen, wonach sich dann allerdings unser Weg zu einer Straße mit beiderseitigem Bürgersteig verbreiterte. Rechts und links befanden sich kleine Läden sowie weitere Restaurants und Imbißstuben. Das Treiben war hier ähnlich wie auf der Uferpromenade. Schließlich ging es rechts ab, und wir gelangten nach weiteren hundert Metern zum Bahnhof der Zahnradbahn. Papa löste am Fahrkartenschalter für uns beide eine einfache Fahrt. Wir hatten Glück, konnten sofort einsteigen und fanden noch zwei freie Sitzplätze im hinteren der beiden Wagen.

Die Fahrt hoch dauerte insgesamt etwa zehn Minuten. Auf halber Strecke kamen wir an einem Park vorbei, in dem ein Schloß mit spitzen Türmen und Zinnen stand. Es war die Drachenburg, erbaut vor knapp hundert Jahren von einem reichen Industriellen. An der Bergstation angekommen, lag direkt gegenüber bereits das Restaurant. Doch obwohl es sehr groß und zudem mit einer weitläufigen Außenterrasse versehen war, fanden wir auch hier alles besetzt. Soviel wir auch schauten und suchten, nirgendwo erspähten wir zwei freie Plätze, worauf Papa schließlich meinte:

„Dann gehen wir zuerst zur Spitze des Drachenfels und essen dann zu Mittag. Ich denke, in einer halben Stunde haben wir mehr Glück."

Da auch mir nichts Besseres einfiel, stimmte ich noch einmal zähneknirschend zu.

Bis oben mochten es weitere zweihundert Meter sein. Die dortige ehemalige Burg bestand nur noch als Ruine. Sie war wie die Godesburg im 13. Jahrhundert erbaut worden, und zwar ebenfalls von den Kölner Erzbischöfen. Im Dreißigjährigen Krieg wurde sie jedoch geplündert und daraufhin geschleift. Als sie dann noch halb abrutschte, weil das tragende Felsgestein nachgab, war sie endgültig zur Ruine geworden. Und so gab es auch bis auf das ehemalige Burgverlies und einen wiederaufgebauten Halbturm nichts zu besichtigen.

Dafür aber hatten wir einen faszinierenden Blick ins Rheintal, das mir wie eine Spielzeuglandschaft erschien. Tief unter uns lag jetzt Königswinter, daneben der Ort Rhöndorf. Ein Stück stromaufwärts erstreckten sich im Rhein die beiden Inseln Grafenwerth und Nonnenwerth. Auf einer Anhöhe erkannte man den Rolandsbogen. Fast direkt darunter befand sich die russische Botschaft. In der anderen Richtung sah man dagegen erneut die Godesburg und weiter stromabwärts Bonn liegen, als seine markanten Punkte vor allem den Langen Eugen sowie die Türme des Münsters. Angeblich sollte man bei ganz klarer Sicht von hier aus sogar die Türme des Kölner Doms am Horizont erkennen können.

Blick vom Drachenfels auf den Rhein

Zwischendurch suchte Papa vergeblich nach dem Privat-Haus unseres ersten Bundeskanzlers Konrad Adenauer einschließlich seines Rosengartens oberhalb von Rhöndorf. Anscheinend konnte man es jedoch von dieser Stelle des Berges aus nicht sehen.

„Und von ihm aus ist der Kanzler immer nach Bonn ins Palais Schaumburg gefahren?" machte ich mir meine Gedanken.

„So ist es, morgens hin und abends wieder zurück. Und dort unten", zeigte er ein Stück stromabwärts, „hat er sich in seinem Dienst-Mercedes immer mit der Fähre über den Rhein setzen lassen."

„Jeden Tag?"

„Jeden Tag, wenn er nicht auf Reisen war, also vierzehn Jahre lang. 1949 wurde er zum Bundeskanzler gewählt und 1963 dankte er ab. Da war er siebenundachtzig Jahre alt. Und diese lange Zeit hat er auch nur geschafft, weil er das benachbarte Bonn als Regierungssitz durchsetzte und daraufhin privat weiter hier in Rhöndorf wohnen konnte."

„Kannst Du mir das näher erklären?" wollte ich das genauer wissen.

„Selbstverständlich. Der Konrad Adenauer war 1876 im rheinischen Köln geboren, also noch unter Kaiser Wilhelm I. und noch vor Fertigstellung des dortigen Doms. Mit 41 Jahren brachte er es zum Oberbürgermeister seiner Heimatstadt, vier Jahre später zudem zum Präsidenten des Preußischen Staatsrats. Als die Nationalsozialisten 1933 die Macht übernahmen, mußte Adenauer jedoch seine Ämter aufgeben, sich zeitweise sogar verstecken, unter anderem nicht weit von hier im Kloster

Maria Laach", wobei er rheinaufwärts zeigte. „Der dortige Prior war nämlich ein alter Schulfreund von ihm. Die meiste Zeit verbrachte er jedoch in seinem neuen Haus in Rhöndorf, wo er allerdings fast noch in den letzten Kriegstagen durch amerikanischen Granatbeschuß von der anderen Rheinseite her ums Leben gekommen ist. Als die Alliierten nämlich unter ihrem Oberbefehlshaber General Eisenhower heranrückten, stand der Adenauer in seinem Garten, wo unterhalb von ihm in zwölf Metern Entfernung eine Granate einschlug. Als er damals das Geschoß aus etwa dreihundert Metern auf sich zufliegen sah, warf er sich sofort zu Boden. Und da er wußte, daß die Amerikaner immer drei Grananaten hintereinander auf ein Ziel abfeuerten, blieb er dort zunächst auch liegen. Tatsächlich schlugen die zweite Granate sieben Meter, die dritte Granate fünf Meter unterhalb von ihm ein, wobei alle Splitter über ihn hinwegflogen. Danach rannte er in sein Haus zurück und blieb so am Leben. Allerdings war das auch der Ausgangspunkt der späteren deutsch-amerikanischen Freundschaft."

„Woher weißt Du das alles so genau?" war ich nicht wenig erstaunt.

„Weil ich damals, als der Adenauer am Vorabend seines fünfundachtzigsten Geburtstages im Radio seinen Lebenslauf erzählte, wegen eines Autounfalls im Krankenhaus lag, wo ich alles genau gehört und behalten habe. Und da zudem noch Wahlen anstanden, gerieten seine Lebenserinnerungen zu einem einzigartigen Gemälde. Für jede Wählerschicht hatte er aus seinem Leben etwas zu erzählen, für die Kranken und die Gesunden, die Arbeitsamen und die Arbeitslosen, die Armen und Reichen, die Künstler und Nichtkünstler. Nach seinem

Bekunden hatte er alle Lebenslagen schon einmal selbst durchgemacht. Und aufgrund dieses Erfahrungsschatzes, so wollte er seinen Zuhörern suggerieren, seien auch weiterhin alle Nöte und Ängste der Bürger bei ihm am besten aufgehoben. Nur mit einem konnte er nicht aufwarten. Er war nie Soldat gewesen. Da hätten die Wähler ihm doch mangelnde militärische Kenntnisse vorwerfen können. Und um dem vorzubeugen, dürfte er diese Drei-Granaten-Geschichte erzählt haben.

Jedenfalls nahmen einige Tage später, nämlich am 16. März 1945, amerikanische Besatzungsoffiziere ersten Kontakt zu Adenauer in Rhöndorf auf. Es war derselbe Tag, an dem die Amerikaner rheinaufwärts am Deutschen Eck den dort reitenden Kaiser Wilhelm von seinem hohen Sockel schossen. Und am 4. Mai wurde Adenauer durch die amerikanische Militärregierung als Oberbürgermeister seines geliebten, wenn inzwischen auch zerbombten Köln wieder eingesetzt, doch schon bald von den nachfolgenden englischen Besatzern wieder abgesetzt. Die hatten ihn damit gebeugt, aber nicht gebrochen. Denn obwohl Adenauer damals bereits an die Siebzig war, wollte er sich einen solchen Abgang nicht gefallen lassen und sagte sich, dann werde ich eben Oberbürgermeister von ganz Deutschland. So ließ er sich, als 1949 die Bundesrepublik gegründet wurde, mit einer Stimme Mehrheit, nämlich mit seiner eigenen, zum ersten deutschen Bundeskanzler wählen.

Bundeskanzler aber wollte der alte Fuchs nun so lange wie möglich bleiben. Dazu aber mußte er im Dunstkreis seiner angestammten Heimat, in seinem rheinischen Revier bleiben, denn bekanntlich kann man alte Bäume nicht verpflanzen. Und weil Bonn genau zwischen Köln und Rhöndorf liegt, plädierte er dafür, daß Bonn und nicht Frankfurt Regierungsssitz wurde. Und von dort regierte der alte Fuchs mit List und in Frische noch vierzehn Jahre lang, also bis 1963. Vier Jahre später starb Adenauer. Er wurde im Hohen Dom seiner Vaterstadt Köln aufgebahrt. Zu den Trauerfeierlichkeiten kamen die Mächtigen dieser Welt, so auch der amerikanische Präsident Lyndon Bains Johnson und der französische Staatspräsident Charles de Gaulle. Anschließend trug man den Leichnam Adenauers aus dem Gotteshaus zum Rheinufer hinunter, wo ihn ein Schnellboot der Bundesmarine zur letzten Reise nach Rhöndorf brachte. Die Menschen standen am Ufer und nahmen ergriffen Abschied von ihm. In Bonn wehten auf allen Regierungsgebäuden die Fahnen auf Halbmast. Und als das Schiff mit dem Sarg Adenauers den Ort seines langjährigen Wirkens als erster Bundeskanzler unserer Republik passierte, läuteten dort vom Münster her alle Glocken."

„Und das alles hat der alte Fuchs nur geschafft, weil er hier in seinem Bau im Siebengebirge bleiben konnte?"

„So ist es", pflichtete er mir bei.

„Und können wir den nachher noch besichtigen?"

„Dafür ist es heute schon zu spät. Aber vielleicht ein anderes Mal", tröstete er mich.

Dabei hätte ich so gern die Stelle gesehen, wo die drei Granaten eingeschlagen waren. Vielleicht gab es dort noch einen der Trichter zu sehen. Möglicherweise hatte man den inzwischen sogar unter Denkmalschutz gestellt. Schließlich wurde dort die deutsch-amerikanische Freundschaft geboren. Aber wieso eigentlich? Und das erklärte mir Papa noch wie folgt:

„Als Adenauer im April 1953 seinen ersten Besuch in den USA beim amerikanischen Präsidenten in Washington, General Eisenhower, machte, könnte er die dabei anstehenden kühlen Verhandlungen mit einer taktischen Finesse eröffnet, nämlich in seinem rheinischen Dialekt gesagt haben:

‚Mister President, dat Sie damals bei uns am Rhein den Kaiser mit drei Jranaten vom Sockel jeschossen haben, dat haben Sie jut jemacht. Dat Sie aber auch auf mich drei Jranaten abjeschossen haben, dat war unfein von Ihnen. Ich habe Ihnen daher als Jeschenk ein Splitter Ihrer dritten Jranate mitjebracht. Dat Jeschoß hätte mich fast dat Leben jekostet. Sie müssen mir dat wieder jut machen.'"

„Und was könnte der amerikanische Präsident darauf geantwortet haben?"

„Der könnte nach einer Weile des Überlegens gesagt haben:

‚Das ist genau umgekehrt, Mister Chancellor. Wir haben Ihnen das Leben gerettet, indem wir Sie mit unseren drei Granaten ins Haus zurück gejagt haben. Wenn und wo amerikanische Truppen kämpfen, spaziert man nicht im Garten herum und beschneidet dort seine Rosen. Das ist viel zu gefährlich. Dafür müßten Sie uns eigentlich ewig dankbar sein.'"

„Und was passierte dann?"

„Dann trat ein historischer Augenblick ein. Mister President und Mister Chancellor fielen sich lachend in die Arme. Das Eis war gebrochen, die deutsch-amerikanische Freundschaft geboren."

Art. 20 [Verfassungsgrundsätze; Widerstandsrecht]

(1) Die Bundesrepublik Deutschland ist ein demokratischer und sozialer Bundesstaat.

(2) [1] Alle Staatsgewalt geht vom Volke aus. [2] Sie wird vom Volke in Wahlen und Abstimmungen und durch besondere Organe der Gesetzgebung, der vollziehenden Gewalt und der Rechtsprechung ausgeübt.

(3) Die Gesetzgebung ist an die verfassungsmäßige Ordnung, die vollziehende Gewalt und die Rechtsprechung sind an Gesetz und Recht gebunden.

(4) Gegen jeden, der es unternimmt, diese Ordnung zu beseitigen, haben alle Deutschen das Recht zum Widerstand, wenn andere Abhilfe nicht möglich ist.

Die Verfassungsgrundsätze

Mit Onkel Willis Dogge zur Plutokratie

Wir gingen jetzt zurück zum Bergrestaurant. Es war dort allerdings noch genau so voll wie vorhin. Doch dann hatten wir Glück, daß ein Tisch frei wurde und wir denselben schnell genug besetzen konnten. Es dauerte dann aber noch geraume Zeit, bis die Bedienung uns die Speisekarte brachte. Mit Ausnahme der beiden teuersten Gerichte war jedoch nichts mehr zu haben.

„Unverschämt!" schimpfte Papa.

„Dann hätten wir früher kommen und uns nicht so lange im Bundestag aufhalten müssen", war mir das gar nicht so unangenehm.

„Du hast gut reden. Und wer soll das alles bezahlen? Vielleicht sollten wir doch unten in Königswinter essen."

Doch jetzt fing auch ich an zu schimpfen. Diese Verschieberei wollte ich nicht mehr mitmachen. Schließlich war es schon fast Nachmittag, und ohne eine anständige Mahlzeit bekam man mich hier vom Drachenfels nicht mehr herunter. So drohte ich denn damit, daheim Mama und Onkel Willi aus-

Bergrestaurant mit Ruine

führlich über meine hiesigen Hungerqualen zu berichten. Da lenkte Papa ein. Und als die Bedienung zurückkam und die Bestellung aufnahm, orderte ich ebenfalls ausgiebig zu trinken, denn schließlich war es inzwischen sehr schwül geworden. Wegen des großen Andrangs mußten wir allerdings eine weitere Weile warten, bis das Essen kam. Und diese Gelegenheit nahm Papa wahr, um erneut das Grundgesetz mit den Worten aufzuschlagen:

„Wir müssen noch den Artikel 20 durchsprechen. Er sagt etwas über die grundsätzliche Organisation unserer Bundesrepublik aus."

Ich ließ ihn gewähren, um mein Mittagessen nicht zu gefährden. Und so las er denn zunächst den Abs. 1 dieses Artikels vor:

„„*Die Bundesrepublik Deutschland ist ein demokratischer und sozialer Bundesstaat.*"" Anschließend aber schaute er auf und stellte mir die Frage: „Also, daraus geht zunächst hervor, daß die Bundesrepublik Deutschland eine ‚Republik' ist. Was ist eine Republik?"

Ich zuckte mit den Schultern.

„Dann überlege einmal, was heute morgen der Unterschied zwischen Dir und König Tongo war?"

Als ich abermals mit den Schultern zuckte, fing er an, mir zu erklären:

„Die Fidschi-Inseln haben mit König Tongo an der Spitze eine ‚Monarchie'. Bei dieser Staatsform gibt es ein erblich bestimmtes, an eine Dynastie gebundenes Staatsoberhaupt. Dazu gehören beispielsweise England mit der Queen oder Japan mit seinem Kaiserhaus. Auch unser früheres Kaiserreich war

überzugehen, nämlich: „Was heißt, daß die Bundesrepublik Deutschland ein ‚demokratischer' Staat ist? Was ist eigentlich Demokratie?"

Als ich daraufhin wieder mit den Schultern zucken mußte, kam er mir zu Hilfe:

„Was habe ich heute morgen gesagt, als wir den Plenarsaal des Bundestages betraten?"

„In der Demokratie geht alle Macht vom Volke aus", erinnerte ich mich.

„Wunderbar! Wunderbar!" war er abermals hocherfreut. „Und so steht es auch hier im Grundgesetz. Im Abs. 2 unseres Artikels 20 heißt es nämlich fast wortgleich: ‚*Alle Staatsgewalt geht vom Volke aus.*' Und im nächsten Satz sagt das Grundgesetz auch, in welcher Form das geschieht: ‚*Sie wird vom Volke in Wahlen und Abstimmungen und durch besondere Organe der Gesetzgebung, der vollziehenden Gewalt und der Rechtsprechung ausgeübt.*' Und dazu jetzt meine Kontrollfrage: Welches sind diese besonderen Organe der Gesetzgebung?"

„Der Bundestag", fiel es mir ein.

„Richtig!" lobte er mich erneut. „Aber auch der Bundesrat, also die Vertretung der Bundesländer. Und wer verkörpert die vollziehende Gewalt?"

„Unser Bundespräsident und Bundeskanzler."

„In der Tat stehen die beiden mit an erster Stelle. Und wer übt die Rechtsprechung aus?"

Als ich mit meiner Antwort zögerte, meinte er großzügig:

„Nun gut, das haben wir noch nicht durchgenommen. Es sind die verschiedenen Gerichte, als oberstes das Bundesverfassungsgericht."

Auf letzteres war ich allerdings nicht gut zu sprechen. Schließlich hatte es mich heute morgen um meine schöne Stellung als Bundespräsident gebracht. Und dann las Papa mir auch noch den dritten Absatz dieses Artikel 20 vor, nämlich:

„‚*Die Gesetzgebung ist an die verfassungsmäßige Ordnung, die vollziehende Gewalt und die Rechtsprechung sind an Gesetz und Recht gebunden.*‘ Und“, schaute er zu mir hoch, „dazu eine letzte Kontrollfrage: Wie hat sich das heute morgen bei Dir als Bundespräsident ausgewirkt?“

„Daß ich nicht machen konnte, was ich wollte. So durfte ich Onkel Willi nicht mal zum General ernennen.“

In diesem Moment kam die Bedienung mit unserem Essen.

„Ausgezeichnet! Ausgezeichnet!“ klappte Papa sichtlich hochzufrieden das Grundgesetz zusammen, um Platz für das Tablett zu machen. „Du hast Dir Dein Mittagessen voll verdient“, um anschließend noch hinzuzufügen: „Bist inzwischen schon ein großes Stück exportfähiger für Tongo-Tonga geworden.“

IX. Die Rechtsprechung

Art. 92 [Gerichtsorganisation] Die rechtsprechende Gewalt ist den Richtern anvertraut; sie wird durch das Bundesverfassungsgericht, durch die in diesem Grundgesetze vorgesehenen Bundesgerichte und durch die Gerichte der Länder ausgeübt.

Art. 93 [Bundesverfassungsgericht, Zuständigkeit] (1) Das Bundesverfassungsgericht entscheidet:

1. über die Auslegung dieses Grundgesetzes aus Anlaß von Streitigkeiten über den Umfang der Rechte und Pflichten eines obersten Bundesorgans oder anderer Beteiligter, die durch dieses Grundgesetz oder in der Geschäftsordnung eines obersten Bundesorgans mit eigenen Rechten ausgestattet sind;
2. bei Meinungsverschiedenheiten oder Zweifeln über die förmliche und sachliche Vereinbarkeit von Bundesrecht oder Landesrecht mit diesem Grundgesetze oder die Vereinbarkeit von Landesrecht mit sonstigem Bundesrechte auf Antrag der Bundesregierung, einer Landesregierung oder eines Drittels der Mitglieder des Bundestages;

Die Rechtsprechung

Wir wollen unseren alten Kaiser Wilhelm wiederhaben

Ich ließ mir das voll verdiente Mittagessen ausgezeichnet schmecken. Auch Papa schien es zu munden. Jedenfalls blieb ich während der ganzen Zeit von ihm und seinem Grundgesetz unbehelligt. Doch gleich nach dem Nachtisch wollte er seinen staatsbürgerlichen Unterricht wieder aufnehmen. Dagegen protestierte ich jedoch heftigst. Mittagessen auf Grundgesetz, das sei schon schwer genug hintereinander zu verdauen. Da könne er mir nicht schon wieder das Grundgesetz auf das Mittagessen packen. Doch ihm schienen meine Verdauungsprobleme nicht allzu schwerwiegend zu sein, weshalb ich mich schließlich in das Ansinnen flüchtete:

„Ich werde noch einmal einen Gang zur Burg machen, mir dort genauer das Verlies anschauen“, wobei ich aufstand und ihm noch spitz vorschlug: „Du kannst ja inzwischen schon zahlen.“

Wider Erwarten stimmte er dem zu, um mir allerdings noch schnell den Abs. 4 des Artikels 20 vorzulesen, der da lautete: *‚Gegen jeden, der es unternimmt, diese Ordnung zu beseitigen, haben*

Ruine Burg Drachenfels

alle Deutschen das Recht zum Widerstand, wenn andere Abhilfe nicht möglich ist.' Danach durfte ich gehen, sollte aber, wie er mir nachrief, umgehend zurückkommen.

Als ich oben angelangt war, stand jedoch vor dem Verlies eine Meute von Männern. Die trugen mit Blumen geschmückte Strohhüte und jeder hielt einen mit einer Fahrradschelle versehenen Spazierstock bei sich. Abwechselnd sangen bzw. grölten sie:

„Wir wollen unsern alten Kaiser Wilhelm wiederhaben!
Wir wollen unsern alten Kaiser Wilhelm wiederhaben!
Aber nur mit Bart! Aber nur mit Bart!"

Danach fingen alle heftig an zu klingeln, um anschließend wieder von vorn zu beginnen. Ich weiß nicht, ob ich mich darüber ärgerte, daß sie mir den Weg versperrten oder mehr über ihr mangelndes Demokratieverständnis. Was mich aber äußerst in Rage brachte, war die Unverschämtheit und das anschließende Gelächter, als mir ihr Anführer noch zurief:

„He Kleiner! Auch schon Vater?"

Dabei hatte ich heute schon eine stolze politische Karriere hinter mich gebracht. Die dagegen konnten nur antirepublikanische Lieder grölen. So etwas brauchte ich mir von diesen Staatslümmeln nicht gefallen zu lassen. Und nach Artikel 20 Abs. 4 mußte dagegen auch etwas geschehen. Wollten die doch das alte Kaiserreich und damit möglicherweise wieder die Prügelstrafe einführen. Das konnte ich mir und meinen Schulkameraden nun wirklich nicht antun. Außerdem, was war das

schwerer Freiheitsberaubung schuldig gemacht und das... Wieviel Männer waren das noch?"

„Etwa zehn", erwiderte ich schon kleinlauter.

„Also zehnfache schwere Freiheitsberaubung, und das, obwohl wir schon den ganzen Tag mit dem Grundgesetz unterm Arm herumlaufen."

„Aber ich kannte diesen Artikel bisher noch nicht", wehrte ich mich.

„Heute morgen im Zug hast Du genügend Zeit zum Lesen des Grundgesetzes gehabt", warf er mir erneut vor.

„Wir haben den Artikel noch nicht durchgesprochen", wurde ich patzig.

„Das hatte ich auf dem Schiff vor. Aber Du fühltest Dich besonders clever, als Du mich davon mit Deiner Godesburg abhieltest. Jetzt hast Du Deinen Cleverness-Salat. Und es gibt eine juristische Grundregel, die da heißt: Unkenntnis schützt vor Strafe nicht. Jedenfalls solltest Du mir nun nicht vorwerfen, ich wäre meinen väterlichen Aufklärungspflichten nicht nachgekommen."

Da hatte er meinen Trick auf dem Schiff also doch durchschaut gehabt. Dennoch versuchte ich mich ein letztes Mal zu wehren:

„Aber Du hast mir vorhin selbst diesen Absatz 4 von Artikel 20 vorgelesen. Und nach dem habe ich als deutscher Staatsbürger das Recht, Widerstand zu leisten."

„Wenn andere Abhilfe nicht möglich ist", ergänzte er weiterhin vorwurfsvoll.

„Aber die könnten doch zur Villa Hammerschmidt marschieren, über das Gitter klettern und den Amtssitz unseres

Bundespräsidenten besetzen, wo der doch zur Zeit unterwegs ist."

„Ich denke, dafür gibt es keine Anhaltspunkte. Und ihre staatsfeindlichen Sprüche bzw. Gesänge", lachte er jetzt hell auf, „sehe ich auch anders. Das war doch nur ein lautes und alkoholbedingtes, im übrigen aber friedliebendes Absingen eines Oldies. Aber nachdem Du die grundgesetzwidrig eingesperrt hast", legte er nun wieder seine Stirn in Falten, „könnte es mit ihrer Friedfertigkeit zu Ende sein. Möglicherweise haben die sich inzwischen befreit und suchen jetzt nach Dir. Drum, ich habe bereits bezahlt und schlage vor: Schleunigst weg von hier!"

Unter diesen gefährlichen Umständen schien auch mir Flucht das einzig Richtige zu sein. So machten wir uns denn im Eilschritt auf den Weg den Berg hinunter. Ab und zu schaute Papa sich dabei um und meinte dann jedes Mal:

„Noch sitzen sie uns nicht direkt im Nacken."

Auf halbem Wege stießen wir wieder auf die Drachenburg. Als ich ein wenig neugierig am Parkeingang stehenblieb, rüffelte er mich, ich gefährde mit meiner Bummelei unsere Sicherheit. Außerdem hätten wir für die Besichtigung kein Geld mehr. Ähnlich lautete es, als wir anschließend an einem kleinen Reptilienzoo vorbeikamen. Unten am Bahnhof angelangt, traf gleichzeitig mit uns von oben eine Bahn ein, zum Glück ohne unsere Verfolger. Von dort gingen wir weiter zur Rheinpromenade. Die war jetzt noch ebenso bevölkert wie vorhin. Allerdings hatte ich mich in der Annahme geirrt, daß wir mit dem

Bahn vor dem Siebengebirge

Schiff auch wieder zurückfahren würden. Papa erklärte mir nämlich an der Anlegestelle:

„Hier zu warten, ist zu gefährlich. Außerdem haben wir kein Geld mehr für eine Rückfahrt mit dem Schiff. Wir müssen zu Fuß gehen, immer hier am Ufer bzw. den Straßenbahnschienen entlang", worauf er in die angegebene Richtung losmarschierte. Ich war völlig entsetzt. Denoch blieb mir im Augenblick nichts anderes übrig, als ihm zu folgen. Dabei war dieser hastige Abstieg vom Drachenfels schon stressig genug gewesen. Und jetzt sollte es bei dieser Schwüle auch noch zu Fuß zurückgehen? So sah man denn aus der Ferne schon dicke schwarze Wolken herankommen. Und dort blitzte und donnerte es auch bereits. Wütend schloß ich zu Papa auf:

„Wieso haben wir kein Geld mehr für die Rückfahrt?"

„Weil ich die Zahnradbahn und das teure Essen nicht einkalkuliert hatte."

„Aber ich habe bei Dir noch Kleingeld gesehen."

„Das reicht selbst für die Bahn nur wenige Stationen, keinesfalls für die ganze Strecke bis Bonn."

Da flippte ich aus:

„Das Grundgesetz hast Du unterm Arm, aber kein Geld mehr in der Tasche!"

Für einen Moment blieb Papa schockiert stehen, um sich dann allerdings zu wehren:

„Dafür aber noch einen Scheck."

„Aber was nutzt uns der, wenn wir damit noch nicht einmal eine Straßenbahnkarte kaufen können", ließ ich weiter meinen Ärger los.

Wortlos gingen wir anschließend eine Weile nebeneinander her. Schließlich suchte er mich damit zu besänftigen, daß er den Scheck in Bonn, spätestens aber im Kölner Hauptbahnhof einlösen und mir davon einen großen Eisbecher spendieren würde. Trotzdem war es für mich nicht vorstellbar, diesen langen Weg zu Fuß zurücklegen zu müssen. Aber was sollte ich tun? Da hatte ich eine Idee und schlug vor:

„Wie wär's, wenn wir mit der Bahn so weit fahren, wie das Geld reicht. Anschließend bleiben wir einfach sitzen. Und sollten wir kontrolliert werden, können wir immer noch schnell aussteigen."

„Wenn wir dazu dann noch Zeit haben. Nein, nein, das Risiko gehe ich nicht ein", wehrte er entschieden ab. „Unser Schuldkonto wird immer größer. Erst vielfache Freiheitsberaubung und jetzt auch noch Schwarzfahren. Morgen steht dann als Überschrift in der Zeitung: Vater und Sohn mit dem Grundgesetz unterm Arm verhaftet!"

Das fand ich gar nicht so schlimm. Jedenfalls brauchte ich mir dann nicht mehr die Beine abzulaufen, würde anschließend sicherlich mit einem Polizeiauto nach Bonn abtransportiert werden. Aber dann bekam ich doch noch Unterstützung für meinen Vorschlag, und zwar in Form des heranziehenden Gewitters. Schon fielen die ersten Regentropfen, und nicht lange, dann würde es zu gießen beginnen. Das erkannte auch Papa, weshalb er plötzlich meinte:

„Na gut, wir sollten ausnahmsweise das Risiko eingehen."

So paßte es gut, daß wir kurz darauf eine Haltestelle erreichten und auch eine Bahn in Richtung Bonn ankam. Die für unser Kleingeld gelösten beiden Fahrscheine reichten tatsächlich nur für vier Stationen. Bis zum Stadtzentrum Bonn aber waren es weit mehr. So saßen wir denn bald als Schwarzfahrer mit dem Grundgesetz unterm Arm in der Bahn, allerdings jederzeit absprungbereit. Dabei fand ich es schon sehr aufregend, wie wir an jeder Haltestelle die Hinzusteigenden nach verkappten Kontrolleuren absuchten. Doch draußen prasselte inzwischen der Gewitterregen, und da schienen auch die Kontolleure eine Jagdpause einzulegen. Vielleicht waren sie aber auch heute am Vatertag gleich allen anderen ins Grüne gefahren. Als wir schließlich Bonn-Beuel erreichten, hatte ich insgesamt neun Stationen gezählt, von denen wir also fünf schwarz gefahren waren. Innerhalb von Beuel gab es dann nochmals drei Haltestellen. Erst danach ging es auf die Rheinbrücke zu, wobei sich der Himmel wieder aufzuklaren begann.

„Jetzt haben wir's geschafft", atmete Papa erleichtert auf, um mich bei der Brückenüberfahrt noch darauf hinzuweisen: „Das große weiße Gebäude dort rechts vor uns ist die Beethovenhalle, das links der Brücke das Theater."

Ich schaute jedoch mehr stromaufwärts, von woher der Lange Eugen und der Bundestag grüßten. Dort hatte die Maus inzwischen sicherlich die beiden ausgelegten Kekse vertilgt. Möglicherweise war sie dabei aber auch in die Fänge des grimmigen Adlers an der Wand geraten. Vielleicht war es doch nicht eine so gute Idee von mir gewesen, den einen Keks direkt unter ihm auf dem Präsidentenstuhl zu plazieren. Vielleicht hatte der Adler aber auch nur pflichtbewußt die Arbeit der Bundestagsmaus überwacht. Außerdem leuchtete vom Bonn-Center hell der Wirtschaftsstern herüber. Der rotierte dort anscheinend ohne Unterbrechung Tag und Nacht, damit es niemandem im

Feuerschlucker vor dem Beethoven-Denkmal

Regierungsviertel auch nur im Traum einfallen könnte, vom rechten wirtschaftspolitischen Weg abzukommen.

Nachdem wir jenseits der Brücke in Bonn ausgestiegen waren, gingen wir mitten durch die Innenstadt, da der Bahnhof genau auf der anderen Seite lag. Zunächst kamen wir durch die Bonngasse, in der sich auch das Geburtshaus des Ludwig van Beethoven befand. Zum Glück, dachte ich, hatten wir kein Geld mehr für den Eintritt. Anschließend stießen wir auf den Marktplatz, an dessen Frontseite das schmucke Rathaus stand, und in dem sich heute morgen König Tongo in das goldene Buch eingetragen hatte. Von dort gelangten wir durch eine weitere, beiderseits mit Geschäften gesäumte Fußgängerstraße zum Münsterplatz. Hier sah ich die Kirche mit ihren vielen Türmen in ihrer vollen Größe wieder. Auf dem Platz aber schaute von einem Sockel ein etwas mürrischer Beethoven herunter. Vor ihm war nämlich ein Feuerschlucker in Aktion. Der Hautfarbe nach zu urteilen, konnte den nur König Tongo mitgebracht haben.

„Was unser größter Musiker sich doch so alles ansehen muß", kommentierte Papa das Spektakel.

„Der leistet hier Entwicklungshilfe im Feuerschlucken", verteidigte ich König Tongos Künstler.

„Entwicklungshilfe ist Hilfe und damit kostenlos. Der aber wird mit Sicherheit abschließend zum Sammeln herumgehen. Und da wir kein Geld mehr haben," zog er mich mit sich fort, „können wir auch nicht länger stehen bleiben."

Stattdessen mußte ich, da der Eintritt dort frei war, mit Papa das Innere des Münsters besichtigen. Beim Betreten aber murmelte ich ein wenig gedankenverloren:

„Alle Macht geht vom Volke aus.“

„Wir sind hier in einer Kirche und nicht im Bundeshaus“, zischte er mich an. Anscheinend war ich inzwischen bereits grundgesetzgeschädigt. Kein Wunder, wenn man den ganzen Tag mit dem Grundgesetz unterm Arm herumlaufen mußte und nicht einmal in Ruhe einem Feuerschlucker von den Fidschi-Inseln zuschauen durfte. Angeblich aber war das Münster während des Truchseßschen Krieges arg verwüstet und geplündert worden. Daher stamme, wie Papa mir erklärte, die jetzige Ausstattung auch aus der Barockzeit. Bis zum Bahnhof waren es dann nur noch einige hundert Meter. Wie ich schon befürchtet hatte, gab es dort keine Bank, um den Scheck einzulösen. Daher war ich froh, als bald der Zug nach Köln einlief. Wir stiegen ein, fanden ein leeres Abteil und bald fuhr der Zug auch ab.

Die Verfassungsschützer können ja schließlich nicht den ganzen Tag mit dem Grundgesetz unterm Arm herumlaufen.

(Ausspruch des damaligen Bundesinnenministers Hermann Höcherl, als dem 1963 telefonisch von einem Journalisten vorgehalten wurde, daß der Verfassungsschutz ohne rechtliche Grundlage Telefongespräche abgehört habe.)

Art. 21 [Parteien] (1) [1] Die Parteien wirken bei der politischen Willensbildung des Volkes mit. [2] Ihre Gründung ist frei. [3] Ihre innere Ordnung muß demokratischen Grundsätzen entsprechen. [4] Sie müssen über die Herkunft und Verwendung ihrer Mittel sowie über ihr Vermögen öffentlich Rechenschaft geben.

(2) [1] Parteien, die nach ihren Zielen oder nach dem Verhalten ihrer Anhänger darauf ausgehen, die freiheitliche demokratische Grundordnung zu beeinträchtigen oder zu beseitigen oder den Bestand der Bundesrepublik Deutschland zu gefährden, sind verfassungswidrig. [2] Über die Frage der Verfassungswidrigkeit entscheidet das Bundesverfassungsgericht.

Die politischen Parteien

Der Kitt unserer Demokratie

Jetzt wollte ich das Grundgesetz endgültig vergessen und mich auf den großen Eisbecher in Köln freuen. Doch Papas staatsbürgerlicher Belehrungsdrang war weiterhin ungebrochen. Er meinte nämlich, bei mir noch ein paar wichtige grundgesetzliche Wissenslücken schließen zu müssen. Dieses mein politisches Defizit aber glaubte er im Artikel 21 entdeckt zu haben, dessen erster Satz da hieß: ‚*Die Parteien wirken bei der politischen Willensbildung des Volkes mit.*' Dazu stellte er denn auch die Frage:

„Wo sind also die Parteien vertreten?"

„Überall", erwiderte ich recht uninteressiert.

„Wieso?" war er trotzdem von meiner Antwort überrascht.

Da mußte ich mir doch noch ein paar staatspolitische Gedanken machen, wollte ich meinen großen Eisbecher nicht gefährden. Glücklicherweise fiel mir ein:

„Die Parteien bestimmen den Kanzler", um noch kenntnisreich hinzuzufügen: „Auch sonst läuft im Parlament letztlich nichts ohne sie. Selbst die Wahl des Bundespräsidenten kann zur Parteienabsprache werden.“

Da sprang Papa derart begeistert auf, daß ich Angst hatte, er könne vor lauter Euphorie noch die Notbremse ziehen.

„Wunderbar! Wunderbar!“ setzte er sich schließlich wieder. „Auch für die Verfassungswirklichkeit hast Du inzwischen ein ausgezeichnetes Gespür bekommen.“

Das aber veranlaßte mich, stolz und selbstzufrieden noch hinzuzufügen:

„Das ist allerdings eigentlich grundgesetzwidrig.“

„Wieso?“ schaute er mich neuerlich überrascht an.

„Du hast mir doch noch soeben vorgelesen, daß die Parteien bei der politischen Willensbildung nur mitwirken. Dann aber dürfen die nicht alles unter sich allein im Parlament ausmachen.“

„Wie ausgezeichnet Du doch das Auseinanderdriften von Verfassung und Verfassungswirklichkeit gerade bei unseren Parteien erkannt hast“, war er weiterhin hellauf begeistert. „Tatsächlich geht unser Grundgesetz nämlich von einer Konkurrenzlage aus. Trotzdem, Du bist mir ein wenig zu schnell mit Deiner Parteienkritik.“

„Das ist mein grundgesetzliches Recht“, wehrte ich mich.

„Na gut!“ lenkte er ein. „Du klagst also unsere Parteien wegen ihres Alleinvertretungs- und Allkompetenzanspruchs im Parlament an. Aber dabei hast Du zu wenig das Staatstragende im Auge.

„Wieso?“ leuchtete mir das nicht ein.

„Ich will es Dir anhand unserer parlamentarischen Arbeit heute morgen im Bundestag erklären“, freute er sich, seinen staatsbürgerlichen Unterrricht fortsetzen zu können. „Da ging es um ein angemessenes Taschengeld. Ich bin fest davon überzeugt, daß zunächst nicht alle Abgeordneten klar dagegen oder dafür waren. Vielmehr wünschten die einen, das den Eltern, die anderen, das sogar den Kindern selbst zu überlassen. Einige wollten das Taschengeld am Einkommen, andere am Vermögen der Eltern ausgerichtet wissen. Wieder andere Abgeordnete plädierten dagegen für ein einheitliches Taschengeld bei allen Kindern. Du siehst also, es wäre heute morgen zu keiner klaren Mehrheitsentscheidung gekommen, hätten da nicht vorher die Parteien die unterschiedlichen Meinungen gebündelt. Ohne eindeutige parlamentarische Entscheidungen aber kann letztlich auch eine Demokratie nicht funktionieren. Dauerndes Abstimmungschaos muß zwangsläufig sogar zu ihrem Untergang führen. Damit aber kannst Du Deine Kritik an der richtig festgestellten Tatsache, daß im Parlament so gut wie nichts ohne die Parteien läuft, so nicht aufrechterhalten. Schließlich sind sie der Kitt unserer Demokratie."

„Aber im Grundgesetz steht doch", wandte ich ein, „daß die Abgeordneten nur ihrem Gewissen, damit also nicht dem Willen ihrer Partei unterworfen sind."

„Da hast Du in der Tat Deinen Finger auf eine parlamentarische Wunde gelegt", lobte er mich weiter. „Natürlich gilt zunächst, was eindeutig im Grundgesetz steht. Andererseits habe ich Dir soeben zu erklären versucht, wie wichtig ein parteigeschlossenes Handeln für eine funktionierende Demokratie ist. Allerdings darf dabei unsere Parteiendemokratie nicht zur Parteiendiktatur ausarten", worauf ich ihn erbost unterbrach:

„Weswegen auch Onkel Willi heute morgen nicht Bundeskanzler werden konnte.“

Da fing Papa erneut mächtig an zu schimpfen:

„Der sollte in seinem Ortsbezirk lieber vernünftige Parteiarbeit leisten, anstatt mit Stammtischreden Bundeskanzler werden zu wollen. Und damit würde er auch etwas für unsere demokratische Grundordnung tun“, um dann noch mit erhobenem Zeigefinger hinzuzufügen: „Auch Demokratie gibt‘s nun mal nicht zum Nulltarif.“

„...Der Idealfall ist sogar, daß die vorhandenen politischen Parteien trotz aller sachlichen Unterschiede Repräsentanten einer solchen Politik der Mitte sind und daher jeder Wechsel von Regierungsparteien und Regierung zwar Unterschiede in der Behandlung der verschiedenen gestellten Aufgaben mit sich bringt, aber keinen Umsturz des Grundprinzips der demokratischen Ordnung überhaupt.“

(Aus dem Aufsatz: „Die geistige Struktur der Parteien. Die Mitte.“ von Hermann Ehlers, Präsident des Deutschen Bundestages von 1950 bis 1954)

Art. 5 [Meinungs- und Pressefreiheit; Freiheit der Kunst und der Wissenschaft] (1) [1]Jeder hat das Recht, seine Meinung in Wort, Schrift und Bild frei zu äußern und zu verbreiten und sich aus allgemein zugänglichen Quellen ungehindert zu unterrichten. [2]Die Pressefreiheit und die Freiheit der Berichterstattung durch Rundfunk und Film werden gewährleistet. [3]Eine Zensur findet nicht statt.

(2) Diese Rechte finden ihre Schranken in den Vorschriften der allgemeinen Gesetze, den gesetzlichen Bestimmungen zum Schutze der Jugend und in dem Recht der persönlichen Ehre.

(3) [1]Kunst und Wissenschaft, Forschung und Lehre sind frei. [2]Die Freiheit der Lehre entbindet nicht von der Treue zur Verfassung.

Meinungs- und Pressefreiheit

Wie man zum Krümelmeister wird

Wir fuhren jetzt an Schloß Falkenlust und dann an Schloß Brühl vorbei. Ersteres versteckte sich in einem kleinen Wäldchen, letzteres konnte man zwischen Bäumen hindurch kurz sehen. Es war ebenfalls, zumindest teilweise, ockergelb angestrichen. Um seine Ausmaße zu erkennen, fuhr der Zug jedoch zu schnell. Allerdings schien es mir nicht so lang gestreckt zu sein wie das Schloß in Bonn, und auf jener prachtvollen Treppe hatte ich heute morgen das Defilee hoher Gäste aus Politik und Wirtschaft abgenommen. In diesem Moment kam der Schaffner in unser Abteil und verlangte nach den Fahrkarten. Doch soviel Papa auch in seinen Taschen herumsuchte, er vermochte sie einfach nicht zu finden. Langsam, aber sicher setzte der Schaffner eine strenge Amtsmine auf. Würden wir nun doch noch, jetzt allerdings zu Unrecht als Schwarzfahrer verhaftet? In diesem Moment fiel mein Blick auf das am Fenster liegende Grundgesetz. In einem Anflug von Spontaneität, Angst und Verwirrung zugleich überreichte ich daraufhin dasselbe dem Schaffner mit den Worten:

Treppenaufgang von Schloß Augustusburg in Brühl

„Nimm das!“

Der wollte es zunächst auch entgegennehmen, fühlte sich dann aber doch provoziert und ließ es, schon in seinen Händen haltend, zu Boden fallen.

„Du Esel!“ entfuhr es mir.

Da muß für ihn das Maß voll gewesen sein. Jedenfalls befand er lauthals:

„Zuerst bekommt man keine Fahrkarten und dann muß man sich diese Frechheiten anhören. So etwas ist mir bisher noch nicht vorgekommen“, um dann noch mit gerötetem Kopf festzustellen: „Das ist Beamtenbeleidigung.“

Jetzt war guter Rat teuer. Hilfesuchend schaute ich Papa an. Doch der war vollends mit seiner Sucherei beschäftigt, hatte bereits die Jacke zum Ausschütteln ausgezogen. Was sollte ich tun? Das war eine verflixte Situation. Mir gegenüber saß ein desorientierter Vater, vor mir stand ein erzürnter Beamter und auf dem Boden lag unser gutes Grundgesetz. Doch plötzlich sah ich dort auch unsere Fahrkarten liegen. Kein Zweifel, sie mußten aus dem Grundgesetz gefallen sein. So konnte ich mich denn ebenfalls aufregen:

„Was heißt hier keine Fahrkarten? Ich übergebe Ihnen die in diesem roten Büchlein, und Sie werfen alles auf den Boden.“

Dabei reichte ich ihm zunächst die von mir aufgelesenen Fahrkarten, um dann ausgiebig und vorwurfsvoll unser seitenverknickte Grundgesetz zu überprüfen, wobei ich mich weiter empörte:

„Schauen Sie sich diese Eselsohren an. Dafür können wir Schadensersatz verlangen.“

Zunächst kontrollierte der Schaffner jedoch ebenso ausgiebig unsere Fahrkarten, wonach er allerdings zu mir gewandt und jetzt augenzwinkernd meinte:

„Ich mache Dir einen Vergleichsvorschlag. Wir verzichten beide auf unsere Anzeige."

„Sie meinen also, wir sollten Esel gegen Eselsohren aufrechnen?"

„So ist es", lachte er nun sogar.

Fragend schaute ich Papa an, und als der mir zunickte, stimmte auch ich erleichtert zu.

Als der Schaffner unser Abteil wieder verlassen hatte, ging mir plötzlich durch den Kopf:

„Sag mal, Papa, warum hast Du heute morgen im Bundestag als Bundeskanzler anfangs so streng zur Pressetribüne hochgeschaut?"

„Weil der Kameramann dort oben unaufmerksam war. Schließlich hat die Nation ein Recht darauf, daß sie mich und meine Regierungserklärung heute abend in den Fernsehnachrichten sieht."

„Und wenn der weiterhin unaufmerksam war?"

„Dann", zog er seine Stirn in Falten, „werde ich wohl meine Sanktionsmechanismen in Gang setzen müssen."

„Und wie funktionieren die?" war ich nicht wenig erstaunt.

„Nun, die können solche pflichtvergessenen Leute von weiteren Regierungsnachrichten aussperren. Und wer mich außerdem nicht mehr in meinem Regierungsjet begleiten darf, der gehört auch nicht mehr zum Journalistenadel."

„Dann ist das also so eine Art Guillotine?" erheiterte ich mich.

„So könnte man sagen", lachte er jetzt selbst. „Andererseits muß man mit diesem Instrument vorsichtig umgehen", meinte er nun wieder nachdenklich. „Schließlich sind wir Politiker auch von den Medien abhängig. Die sind nun mal die vierte Gewalt in unserem Staat."

„Und was sagt unser Grundgesetz dazu?" hatte das inzwischen mein Interesse geweckt.

„Das verbürgt in Artikel 5 das Grundrecht der freien Meinungsäußerung. Ich werde Dir", schlug er nochmals sein Grundgesetz auf, „den Abs. 1 von ihm vorlesen, und der heißt: *Jeder hat das Recht, seine Meinung in Wort, Schrift und Bild frei zu äußern und zu verbreiten und sich aus allgemein zugänglichen Quellen ungehindert zu unterrichten. Die Pressefreiheit und die Freiheit der Berichterstattung durch Rundfunk und Film werden gewährleistet. Eine Zensur findet nicht statt.*'"

„Dann ist also durch unsere Verfassung garantiert", folgerte ich schlitzohrig, „daß man Dich bzw. unseren Bundeskanzler einen Krümelmeister nennen darf?"

Da war er doch sichtlich verärgert.

„Ich ein Krümelmeister? Du glaubst, verbreiten zu dürfen, daß unser Bundeskanzler ein Krümelmeister ist?"

„Du hast mir doch soeben von Meinungs- und Pressefreiheit vorgelesen", wehrte ich mich.

„Na gut", machte er es sich daraufhin bequem. „Dann sollten wir uns einmal über die grundsätzlichen Aufgaben der Medien unterhalten. Diese ihre Aufgabe aber ist es zunächst,

Informationen und Nachrichten zu vermitteln bzw. zu überbringen."

„Und wieso liegt darin eine politische Gewalt?"

„Nun, die liegt in der Entscheidung, welche Nachrichten man bringt und wie man sie bringt. Wenn ich beispielsweise heute abend mit meiner Regierungserklärung nicht in die Fernsehnachrichten komme, weil der Kameramann dort oben geschlafen hat, dann schadet mir das politisch. Laufende Medienpräsenz und Berieselung des Wählers erhöht nämlich die Chance meiner Wiederwahl."

„Vielleicht", frohlockte ich, „ist der Kameramann bei meiner Rede aufgewacht. Dann erscheine ich heute abend groß im Fernsehen."

„Das braucht nicht unbedingt zu sein."

„Wieso plötzlich bei mir nicht?"

„Stelle Dir vor, das Fernsehen zeigt gleichzeitig, wie ich Dich bei Deiner Rede lauthals auslache. Dann hätten die Medien Dir keinen staatsmännischen Hintergrund verpaßt. Und das würde dann schlecht für Deine Wiederwahl sein."

„Oder für Deine", konterte ich, „weil es Dich dann nämlich als parlamentarischen Flegel entlarvt."

Doch ohne darauf einzugehen, fuhr er fort:

„Nun transportieren die Medien aber nicht nur politische Nachrichten, sondern können auch selbst Politik machen, indem sie beispielsweise meine Regierungserklärung kommentieren."

„Dafür hätte ich einen Vorschlag", unterbrach ich ihn, nämlich: „Soviel frischen Fisch wie nötig, dabei sowenig Keilerei wie möglich!"

„Das ist wahrlich ein ausgewogener Kommentar", lobte er mich daraufhin überschwenglich. „Das ist auch kein Einmischungsjournalismus, sondern Mitwirkung an der politischen Willensbildung in unserer Demokratie. Damit kannst Du sogar Chefkommentator einer Zeitung werden. Allerdings", legte er seine Stirn wieder in tiefe Falten, „allerdings müßtest Du vorher noch Deine böse Behauptung über mich als Krümelmeister zurücknehmen."

„Aber es ist doch einwandfrei erwiesen", wehrte ich mich, „daß Du heute morgen auf der Regierungsbank gekrümelt hast. Das können sogar der Bundestagsadler oder auch die Bundestagsmaus bezeugen."

„Das bestreite ich auch nicht. Und auch wenn Krümeln eigentlich meine Privatsache ist, darfst Du als Journalist darüber schreiben. Schließlich bin ich als Bundeskanzler ein Mann von öffentlichem Interesse. Doch wenn jemand beim Knabbern nur eines einzigen Kekses krümelt, dann ist er darin noch kein Meister. Du würdest also eine Falschnachricht produzieren. Zum anderen verletzt Du mich mit dem bösen Wort Krümelmeister in meiner Ehre. Das aber ist in Absatz 2 unseres Artikels 5 ausdrücklich verboten."

„Und wenn trotzdem morgen groß in der Zeitung steht: ‚Unser Bundeskanzler ein Krümelmeister!'"

„Das wäre kein verantwortungsvoller journalistischer Umgang mit unserer Demokratie bzw. ihren Amtsinhabern. Ich denke, daß das auch nur Deine Auflage bzw. Einschaltquote erhöhen soll. Jedenfalls würde ich auf Widerruf klagen."

„Damit übermorgen gemeldet wird: ‚Unser Bundeskanzler doch kein Krümelmeister!'"

„So könnte es sein", stöhnte er. „Und dann wird erst recht etwas davon an mir hängenbleiben. Darin aber liegt nun mal die große Macht der Medien."

Wir hatten inzwischen die Stadtgrenze von Köln erreicht und durchfuhren jetzt seine Vororte. Doch für Papa schien das Kapitel über die vierte Gewalt noch nicht abgeschlossen zu sein, weshalb er denn auch fortfuhr:

„Du kennst jetzt also die staatstragenden Aufgaben unserer Medien. Aber da gibt es für sie noch eine weitere Funktion, nämlich Kontrolle auszuüben, das heißt politische Skandale aufzudecken. Zwar sollte eigentlich das Parlament der Regierung auf die Finger schauen. Doch leider hapert es damit nur allzuoft in unserer Verfassungswirklichkeit."

„Da hätte ich einen tollen Knüller", unterbrach ich ihn.

„Und der wäre?" schaute er mich erstaunt an.

„Tochter vom Entwicklungsminister fliegt mit ihrem Vater zu den Fidschi-Inseln!"

„Woher weißt Du das?" ging sein Erstaunen jetzt jedoch in Skepsis über.

„Man hat als Journalist so seine Beziehungen", gab ich meine Quelle nicht preis.

„Na gut, ich habe sowieso den Eindruck, daß es Dir bei dieser Schlagzeile wiederum mehr um Deinen Verdienst als um die demokratische Wahrheit geht."

„Du meinst also, die Medien sollten mehr der Demokratie dienen als an ihr verdienen?"

„Besser kann man es wirklich nicht ausdrücken", kam nochmals regelrecht Freude bei ihm auf. „Ihre Verantwortung liegt nämlich im sorgfältigen Umgang mit der politischen Wahrheit, unseren demokratischen Institutionen und Regeln sowie grundsätzlich auch mit ihren Repräsentanten. Zwar sollten sich freie Medien nicht zu Hofberichterstattern degradieren lassen, andererseits aber auch nicht so tun, als hätten sie, und zwar nur sie allein, die politischen Weisheiten bereits mit der Muttermilch in sich aufgesogen", wobei der Zug in den Kölner Hauptbahnhof einlief.

XI. Übergangs- und Schlußbestimmungen

Art. 116 [Deutsche Staatsangehörigkeit] (1) Deutscher im Sinne dieses Grundgesetzes ist vorbehaltlich anderweitiger gesetzlicher Regelung, wer die deutsche Staatsangehörigkeit besitzt oder als Flüchtling oder Vertriebener deutscher Volkszugehörigkeit oder als dessen Ehegatte oder Abkömmling in dem Gebiete des Deutschen Reiches nach dem Stande vom 31. Dezember 1937 Aufnahme gefunden hat.

(2) [1] Frühere deutsche Staatsangehörige, denen zwischen dem 30. Januar 1933 und dem 8. Mai 1945 die Staatsangehörigkeit aus politischen, rassischen oder religiösen Gründen entzogen worden ist, und ihre Abkömmlinge sind auf Antrag wieder einzubürgern. [2] Sie gelten als nicht ausgebürgert, sofern sie nach dem 8. Mai 1945 ihren Wohnsitz in Deutschland genommen haben und nicht einen entgegengesetzten Willen zum Ausdruck gebracht haben.

Übergangs- und Schlußbestimmungen

Wann das Herumlaufen mit dem Grundgesetz unterm Arm grundgesetzwidrig ist

Im Kölner Hauptbahnhof gab es eine Bank, die auch heute am Vatertag geöffnet hatte. So konnten wir denn endlich unseren Scheck zu Bargeld machen. Und als wir anschließend die Bahnhofshalle verließen, ragte vor uns der Kölner Dom hoch. Der war in der Tat noch ein gewaltiges Stück imposanter als das Bonner Münster. So war ich denn auch von diesem Bauwerk ungeheuer beeindruckt. Unweit von ihm aber nahmen wir auf der Terrasse eines Cafés Platz, schauten von dort direkt auf das Hauptportal und die beiden hohen Türme. Das war hier ein wahrhaft würdiger Platz für unseren großen Eisbecher, allerdings auch nicht ganz ungefährlich. Schließlich hatte man den Dom mit Steinen aus dem Siebengebirge erbaut, und auf solchem Felsgestein war bereits die Burg Drachenfels zusammengebrochen. Papa meinte jedoch, daß man hier immer noch sicherer als unterm schiefen Turm von Pisa sitzen würde, worauf ich fragte:

„Und warum singt Onkel Willi dann so oft: ‚Ich fahr' mit meiner Lisa zum schiefen Turm von Pisa'?"

Der Dom zu Köln

„Vielleicht ist Onkel Willi manchmal ein wenig lebensmüde", zog er verächtlich seine Augenbrauen hoch.

Zwischendurch erzählte mir Papa, daß man mit den Bauarbeiten dieser einmaligen gotischen Kathedrale bereits 1248 begonnen hatte, diese dann allerdings 1560 eingestellt wurden. Damals war der Dom erst halb fertig. Erst mit Gründung des Zentral-Dombau-Vereins und seiner Förderung durch Preußen seien die Arbeiten an dem Jahrtausend-Bauwerk im Jahr 1842 wieder aufgenommen und dann 1880, d.h. nach 632 Jahren, vollendet worden. Seitdem glaubten die Kölner, sie beherbergten in ihrer Stadt das gewichtigste Monument der Welt. Und das sei vom lieben Gott auch dadurch bestätigt worden, daß die beiden Türme allen Bombenangriffen im letzten Weltkrieg widerstanden hätten. Mir aber ging durch den Kopf:

„Sag' mal Papa, wann haben die in Pisa ihren schiefen Turm gebaut?"

„Begonnen haben die damit bereits in der zweiten Hälfte des 12. Jahrhunderts, die Arbeiten aber bald wieder eingestellt. Bei Vollendung des dritten Stockwerks begann nämlich der Glockenturm sich schon zu neigen."

„Und wann hat man weitergebaut?"

„Nach hundert Jahren. Damals versprach ein Giovanni di Simone den Einwohnern von Pisa, die Neigung des Turms statisch derart ausgleichen zu können, daß er in diesem Jahrtausend nicht mehr umfallen würde. So wurde denn auch der Turm mit seinen sechs Galerien und dem darauf thronenden Glockenstuhl nach weiteren hundert Jahren fertig. Heute aber hängt er etwa vierundeinhalb Meter über."

Ich rechnete nach. Der schiefe Turm von Pisa war sechshundert Jahre lang nicht umgefallen. Dagegen hatten die beiden Türme vor mir ihre Standfestigkeit noch nicht einmal hundert Jahre lang unter Beweis gestellt. Da wurde mir erneut mulmig im Magen, zumal ein Teil des linken Turms oben eingerüstet war. Außerdem hatte sich auch unser erster Bundeskanzler Adenauer dort nur aufbahren und dann doch lieber in seinem sicheren Fuchsbau im Siebengebirge begraben lassen.

Inzwischen hatte ich meinen Eisbecher geleert. Doch als ich ihn zur Seite schob, fiel dabei unser Grundgesetz auf den auch hier noch regennassen Boden. Das erbrachte dem roten Büchlein nicht nur ein paar zusätzliche Eselsohren, sondern innen auch noch einen großen Schmutzfleck. Als ich den anschließend abzuwischen versuchte, fiel mein Blick auf einen kleingedruckten Artikel, der da lautete: ‚*Der Sonntag und die staatlich anerkannten Feiertage bleiben als Tage der Arbeitsruhe und der seelischen Erhebung gesetzlich geschützt.*‘ Darüber war ich doch sehr erstaunt, weshalb ich denn auch fragte:

„Sag mal Papa, ist Vatertag ein gesetzlicher Feiertag?“

„Vatertag als solcher nicht. Aber heute ist ‚Christi Himmelfahrt‘, und der schon.“

„Und das war doch ein großes Stück Arbeit, das ich heute mit dem Grundgesetz unterm Arm in Bonn geleistet habe, nicht wahr?“

„Für mich aber auch. Welcher Vater opfert dafür schon seinen höchsten Feiertag. Aber warum fragst Du das?“

„Weil das alles an einem staatlich anerkannten Feiertag wie heute grundgesetzwidrig ist“, schob ich ihm empört das aufgeschlagene Grundgesetz unter die Nase, „zumindest wenn das wie bei uns in Arbeit ausartet. Lies diesen Artikel 139 hier."

Deswegen, so fiel es mir jetzt wie Schuppen von den Augen, hatten alle anderen in Bonn kein Grundgesetz unterm Arm gehabt. Und deswegen, also zu ihrer grundgesetzgemäßen seelischen Erhebung, waren alle Bonner Staatstiere an diesem Tag ins Grüne gefahren, voran unser Bundespräsident und unser Bundeskanzler. Selbst der Koch im Bundestagsrestaurant hatte heute seinen Löffel verfassungsgemäß aus der Hand gelegt.

„Das ist lediglich der Artikel 139 der früheren Weimarer Verfassung", versuchte Papa mich zu beruhigen.

„Und warum steht der hier?" war ich noch immer erbost.

„Weil er Bestandteil unseres Grundgesetzes geworden ist. Allerdings dürfte es hinsichtlich eines Verfassungsverstoßes schon ein Unterschied sein, ob man an einem solchen Tag den schiefen Turm von Pisa wieder aufrichtet oder lediglich in Bonn mit dem Grundgesetz unterm Arm herumläuft", wonach er jedoch mit den Worten aufstand: „Aber wir müssen jetzt aufbrechen, wenn wir noch unseren Zug erreichen wollen."

Das schien allerdings auch mir jetzt wichtiger zu sein. War ich doch daran interesssiert, spätestens zu den Abendnachrichten wieder daheim zu sein, um meinen Fernsehauftritt aus dem Bundestag nicht zu verpassen. Oh, wie würden Mama und Onkel Willi dann über mich staunen!

Bildnachweis

Bundesbildstelle Bonn: S. 46, S. 60/61

Bundesstadt Bonn, Presseamt: S. 70/71, S. 82 (Fotograf M. Sondermann)

Rheinisches Bildarchiv, Köln: S. 128

Stadtarchiv und Stadthistorische Bibliothek Bonn: S. 6, 12, 16, 22, 26, 112, 116